*Elvis Linares*

# Liderazgo en el Movimiento Estudiantil:

# Una lucha de los jóvenes venezolanos, en la búsqueda de una nación ideal y próspera…

**Caracas, 2016**

# ÍNDICE

# AGRADECIMIENTOS

Al **mundo divino**, el que permite al hombre y a la mujer tener los dones propios para que la humanidad pueda crecer.

A **mi madre** por todo el amor en la paciencia, en lo bueno y en lo malo, en los correctivos y en el apoyo que me ha brindado.

A **mi padre** por estar allí cuando lo necesito, en el pasado y en el presente, pues sé que en el futuro también lo hará, justo con su saber para iluminar el mío.

A **mi familia** por ayudarme a crecer con sus enseñanzas, ¡me han servido en todo para avanzar a las metas que deseo alcanzar!

A los **profesores Ángel Gámez, Ana Colmenares, Argenis Villarroel y Óscar Basalo** por las técnicas y las herramientas que he adquirido para fortalecer el talento natural que gozo.

A **Funda Líderes, al Instituto Universal de Liderazgo, a la Editorial RPEX Personas de Éxito y al Proyecto F.E.C.L.E** por abrir las puertas al éxito que puedo alcanzar…

A mis **compañeros Verdes**, ¡tanto hombres como mujeres! Pues nos coincidimos en una meta suprema a través de distintas acciones, ¡salvar nuestro planeta!

A mis **amistades de la lucha estudiantil**, a los que están presentes y los que están ausentes mucho más, por reivindicar la causa más grande, ¡una mejor Venezuela!

A mis **amistades de las Universidades** más ilustres que he transitado, por todo el acompañamiento que han tenido conmigo en mis metas.

A las **mujeres de la lucha estudiantil** y de las **Universidades Venezolanas**, que con su coraje han animado a todo un país que coincide con sus ideales. Sobre todo a ustedes, **Betania Farrera, Sairam Rivas, Isva Vera, Nieves Rivas**. ¡A ti también **Yessy Arrieta**! ¡Gracias valientes guerreras!

A las **figuras políticas** que se encuentran dándolo todo por hacer de Venezuela un mejor lugar para este planeta.

A ti también te doy las gracias **querido(a) lector(a)**, por permitirme ser una referencia en el conocimiento que buscas en las causas de la lucha imborrable de los jóvenes por revelar al mundo entero, y más allá en un futuro lejano, la esencia de lo que somos como país…


**¡Calidez humana con espíritu guerrero para alcanzar la justicia, la paz y el equilibro!**

# PRÓLOGO

Hubo una época donde la sociedad venezolana no creía que un grupo de estudiantes de Caracas fuera tan valiente para enfrentarse a la opresión y tiranía de un General con actitud de dictador, sin embargo, la idea vanguardista de ese grupo no termina allí, pues esa generación de jóvenes del 1928 es gloriosa por presentar a los ciudadanos un proyecto de país tan fervoroso que cambió totalmente la perspectiva de cómo debe ser un Estado en Venezuela en función del progreso en todos los aspectos de la sociedad: Cultura, Educación, Valores, Política, Sistema Gubernamental, Administración Pública, entre otros más que usted puede descubrir en las líneas que le voy a expresar.

Esa lucha épica, fue inspiradora para las siguientes generaciones de jóvenes venezolanos, siempre en formación hacia una mejor nación, tan prodigiosa que provocó la sublevación más esperada por los ciudadanos que se sentían oprimidos en los años 50, bajo el mandato del General Marcos Pérez Jiménez. Los mismos, quienes acompañaron a la lucha estudiantil por derrocar una dictadura de mayor proporción en lo bueno, por las obras y gestiones que ha realizado, y en lo malo, por el escenario típico de las limitaciones existentes en comunicación y traspaso de información delicada, que la del General Juan Vicente Gómez (1928). Ambas luchas tenían algo en común: ¡Querían liberarse del yugo dictatorial de un Gobierno militarista!

Luego de dos épocas muy difíciles, llegarían los tiempos de un sistema democrático, civilizado, dinámico, de respeto, de avanzada; y con eso también se presentaría el auge de la corrupción, de los sobornos, de los acomodamientos políticos entre partidos de mayor envergadura, del libertinaje de muchos grupos y factores no partidistas; en fin, del caos que ningún venezolano pensaría que podría ocurrir luego de una época tan dura como la vivida en los Gobiernos totalmente militaristas. *¿Tanto nadar para morir en la orilla?* Dice así un refrán muy popular, el cual se usaba a menudo por nuestros abuelos y/o bisabuelos, pues con ese refrán se hacía referencia al hecho de que en los afamados *"40 años de democracia"* (1958 – 1998) hubo muchos sucesos que crearon terror en la óptica de los ciudadanos del país por la actuación de las figuras políticas, y algunos partidos políticos en este caso, en referencia al daño que puede hacer una medida totalmente extremista, o radical en algunas situaciones que lo ameriten; estas palabras hacen referencia a la etapa de los Gobiernos ubicados entre Rómulo Betancourt hasta el segundo mandato de Rafael Caldera.

Desde los años 1990, hubo un movimiento de sublevación militar, dirigido por, el entonces Teniente Coronel, Hugo Chávez, para liberar al país de las medidas económicas promovidas por Carlos Andrés Pérez, en su segundo mandato, y de las consecuencias que se implicaron en tal situación: miseria, hambre, desesperación, actuaciones volátiles en los distintos estratos sociales, sobre todo en las zonas populares. Desde 1998 hasta la fecha se mantiene un Gobierno que ha mostrado muchas de todas las medidas políticas que prevé aplicar a los ciudadanos en el país, es de su preferencia el juicio que pueda tener sobre el resultado y las consecuencias de lo explicado en estas líneas querido(a) lector(a). De mi parte, ese tema se tocará tan poco como sea posible en este libro…

Lo único que puedo testificar en esta obra, es que he estado al lado de líderes estudiantiles como:

**Conan Quintana**, ex dirigente estudiantil de la UPEL – Instituto Pedagógico de Miranda José Manuel Siso Martínez. Asesinado por la delincuencia en mayo de 2015.

**Hommy González**, ex dirigente estudiantil de la UPEL – Instituto Pedagógico de Caracas. Asesinado por la delincuencia en abril de 2012.

**Euro Noriega**, ex secretario de cultura de la Federación de Centros de Estudiantes del Instituto Pedagógico de Miranda José Manuel Siso Martínez 2012 – 2014.

**Dayerlinee Blanco**, ex secretaria general de la Federación de Centros de Estudiantes del Instituto Pedagógico de Miranda José Manuel Siso Martínez 2012 – 2014. Actual profesora de dicha institución educativa.

**Grey Hernández**, ex consejero universitario de la Universidad Pedagógica Experimental Libertador 2009 – 2011 y actual Profesor de Educación Primaria – Rural.

**Dulce Quintero de Torres**, ex consejera universitaria de la Universidad Pedagógica Experimental Libertador 2011 – 2014. Actual miembro de la Academia de Letras, seccional Carabobo.

**Isva Vera**, ex presidenta del Centro de Estudiantes de Química del Instituto Pedagógico de Maracay Rafael Alberto Escobar Lara y actual Consejera Universitaria de la UPEL 2015 – 2017.

**José Martín Sánchez**, ex presidente de la Federación de Centros de Estudiantes del Instituto Pedagógico Rural "El Mácaro".

**Alfred Oropeza**, ex consejero directivo del Instituto Pedagógico Rural "El Mácaro". Actual docente de la Gobernación del Estado Aragua.

**Alex González**, actual Presidente de la Federación de Centros de Estudiantes del Instituto Pedagógico de Maracay Rafael Alberto Escobar Lara 2015 – 2017.

**Néstor Niera**, actual Consejero Directivo del Instituto Pedagógico de Maracay Rafael Alberto Escobar Lara 2015 – 2017.

**Nieves Rivas**, actual Consejera Directiva del Instituto de Mejoramiento Profesional del Magisterio 2015 – 2017. Actual docente de la Gobernación del Estado Miranda.

**Franklin Piccone**, ex secretario general de la Federación de Centros Universitarios y ex consejero universitario de la Universidad Central de Venezuela, y actual Consejero Directivo del Instituto Pedagógico de Miranda José Manuel Siso Martínez 2015 – 2017.

**Juan Requesens**, ex presidente de la Federación de Centros Universitarios de la Universidad Central de Venezuela y actual diputado a la Asamblea Nacional.

**Gaby Arellano**, ex Consejera Universitaria de la Universidad de Los Andes y actual diputada a la Asamblea Nacional.

**Daniel Álvarez**, ex presidente de la Federación de Centros Universitarios de la Universidad Simón Bolívar.

**Fabio Luigi Valentini**, ex consejero universitario de la Universidad Católica Andrés Bello 2014 – 2016.

**Sairam Rivas**, Secretaria de Asuntos Internacionales de la Federación de Centros Universitarios de la Universidad Central de Venezuela 2015 – 2016.

**Kizzy Ramírez**, actual Consejera Universitaria de la Universidad Central de Venezuela 2015 – 2016.

**Hilda Rubí**, actual Secretaria General de la Federación de Centros Universitarios de la Universidad Central de Venezuela 2015 – 2016.

**Eusebio Costa**, ex presidente del Centro de Estudiantes de la Universidad Católica Santa Rosa de Lima.

Gracias a esos y muchísimos líderes más, que han seguido su camino en el aporte a lo que deseamos los jóvenes para Venezuela, es que me sentí inspirado a realizar una obra llena de vivencias, con visión crítica y expresiva de los hechos que han trascendido la historia de nuestro país, este libro ofrece explicaciones de cómo han transitado distintas luchas en épocas previas a mi existencia y mi lucha, cuestión que hago mientras soy Consejero Directivo del Instituto Pedagógico de Miranda José Manuel Siso Martínez 2015 – 2017 (Representante Estudiantil en el Cogobierno Institucional de la UPEL Miranda). Es posible que existan otros libros que expongan acerca del tema que voy a revelar en este libro, yo aseguro con veracidad que los discursos que encontrará en estas páginas pertenecen a la naturaleza irreverente y contestataria que todo joven ejerce con el ímpetu que lo caracteriza.

Usted, querido(a) lector(a), quedará fascinado(a) con la lectura que realizará a través de las hojas que tocará en este libro, pues no todo es política, debido a que en esta obra encontrará elementos que lo ayudarán a crecer como profesional en el área donde ejerce su profesión, ya sea embajador(a), funcionario(a), miembro de algún partido político, organización, y en la comunidad, ¡en la vida misma!; y también le permitirá ayudar a personas que se encuentren en formación de todo lo mencionado aquí antes, con énfasis en la oratoria, el liderazgo, el coaching como herramienta emocional y los valores inmersos en este libro. Sin más que complementar, ¡disfruta de la lectura que quiero compartir contigo!

*Elvis Linares*

# Capítulo I
## Génesis de lucha bajo el mandato del General Gómez – Año 1928

Antes de analizar esta época llena de oposiciones hacia un gobierno de carácter militarista, es preciso señalar que los venezolanos de la tercera república se encontraban en plena modernización con respecto a otros países del mundo, pues todos sabían de la revolución industrial que se multiplicó en Europa; aun con la tranquilidad que se palpaba en las calles del siglo XX, nadie se sentía satisfecho con la forma de gobernar por parte del General Juan Vicente Gómez, pues sus métodos de castigos eran muy criticados, aunque justas eran las condenas a veces. El hecho es que nadie se sentía satisfecho con la forma de vida que cada hombre y mujer tenía, ¡así sea en Caracas!, por lo que mencioné antes. Y todo continuaba de la misma forma, hasta que en el carnaval caraqueño de 1928…

Imagen 1. Figuras de la Generación del 28, todos estudiantes de la Universidad Central de Venezuela, quienes en el futuro se convertirían en personajes reconocidos en diferentes ámbitos de la sociedad venezolana, como Raúl Leoni, Rómulo Betancourt, Miguel Otero Silva, Antonio Uslar Pietri, Jóvito Villalba, Luis Beltrán Prieto Figueroa, entre otros.

*"¡Jóvenes universitarios protagonizan un movimiento estudiantil con carácter académico!"* Es lo que seguramente habrá aparecido en algunos periódicos de la capital del país (como El Nacional o el Universal), o tal vez algo cercano al título de la portada de cada medio impreso de Venezuela en ese año; el hecho es que los jóvenes de la Universidad

Central de Venezuela salieron a las calles a transformar lo que tenían en algo que deseaban, ahorcar los hábitos de los ciudadanos de ese entonces para dar paso a una visión diferente de cómo debería ser la sociedad venezolana. Así que decidieron iniciar la cruzada reconstituyendo los centros de estudiantes de las Facultades de Medicina, Derecho e Ingeniería, para dar paso al restablecimiento de la Federación de Estudiantes de Venezuela, luego de que Cipriano Castro lo suspendiera en su gestión.

Toda la gestación indicada ocurrió entre los años 1923 y 1925. Sin embargo, eso fue un ámbito que le competía únicamente a esa universidad, pero con los acontecimientos del año 1928, en pleno carnaval, todo cambió…

Imágenes 2 y 3. Fotografía de Jóvito Villalba y retrato de Andrés Eloy Blanco.

Por el poema que leyó el antiguo exiliado político Pío Tamayo, que fue juzgado de subversivo por las autoridades gomecistas en la coronación de Beatriz I, como reina de los estudiantes, por las intervenciones de los estudiantes de derecho, Rómulo Betancourt, Jóvito Villalba y Joaquín Gabaldón Márquez, consideradas como inconvenientes por los cuerpos de seguridad, y por el "acto irrespetuoso" de Guillermo Prince Lara, quien rompió una lápida en honor al General Gómez; el Gobierno decide poner fin a los actos conmemorativos de la Semana del Estudiante.

Encarcelando a 214 estudiantes en el Castillo de Puerto Cabello durante 12 días, los estudiantes de la Universidad de Los Andes reaccionaron casi enseguida ante tal suceso, tomando así la iniciativa de sublevarse al General Gómez por lo que hizo, estimulando una ola de protestas en las diferentes ciudades del país. La presión fue tan alta que el General Gómez decidió liberar a los estudiantes detenidos…

Luego de la liberación de esos estudiantes, se produce un acercamiento entre ellos y un grupo de militares, incluido el hijo de Eleazar López Contreras, con la finalidad de planificar y ejecutar un Golpe de Estado, el cual debía ejecutarse el 7 de abril de 1928; dicho evento fue develado al gobierno gomecista. Luego del intento fallido, un grupo numeroso de estudiantes redacta un documento al General Gómez para atender la demanda de liberar a los estudiantes que apresaron en dicho intento fallido.

Imágenes 4 y 5. Fotografías de Arturo Uslar Pietri y Miguel Otero Silva.

El General Gómez, en respuesta al documento, decidió encarcelar a ese conjunto de estudiantes entre las colonias de Araira, el presidio de Palenque y en el Castillo de Puerto Cabello. Fueron dejados en libertad y expulsados del país en 1929.

Ante estas circunstancias, se deja claros los siguientes aspectos:

- La lucha de los jóvenes fue una chispa ante la actitud sumisa de los ciudadanos de Venezuela en el gobierno de Juan Vicente Gómez, por "calentar" las calles.
- El Liberalismo del General Gómez ya empezaba a caducarse ante las ideas innovadoras que el grupo de jóvenes de la Universidad Central mostró al país.
- Este episodio sirvió a los jóvenes para constituir los núcleos de los Partidos Políticos Acción Democrática (AD) y Comunista de Venezuela (PCV).

Un hecho curioso de este evento celeste en la historia de Venezuela, es que todavía se mantienen debates académicos acerca de la "Generación del 28" como suceso político que cambió la visión del país, en esa famosa transición del siglo XIX al XX en muchos elementos. Una muestra de ello, es el conjunto de reflexiones que se presentan en las siguientes líneas:

La generación del 28, con este nombre se conoce al movimiento estudiantil que se rebeló en contra del gobierno de general Juan Vicente Gómez a finales de la década de los años veinte, como respuesta a la dictadura que ejercía este gobierno, a las malas políticas económicas que implementaba este gobierno al colocarle en bandeja de plata la riqueza petrolera de Venezuela, a las grandes transnacionales extranjeras, que venían a saquear el país, también como respuesta a la opresión estudiantil y al pueblo en general.

*Howard Pérez, Foro "Generación del 28", UPEL*
*Instituto Pedagógico de Barquisimeto* **(2009)**

El gobierno del general Gómez había puesto presos a muchos de los líderes estudiantiles, por considerarlos enemigos de la dictadura, lo que trajo como consecuencia que en todo el país el resto de los líderes estudiantiles se entregaran a las autoridades al servicio del General Gómez, en solidaridad con los líderes en cautiverio.

*Guzmán Ruíz, Foro "Generación del 28", UPEL*
*Instituto Pedagógico de Barquisimeto* **(2009)**

Dentro de los nombres que resaltan entre los líderes estudiantiles de este movimiento G28, destacan Pio Tamayo, Rómulo Gallegos entre otros de mucha importancia, esta rebelión estudiantil dio origen a la aparición de los partidos políticos, los cuales vinieron a ser las bases de la democracia moderna que hoy disfrutamos, entre estos partidos destacan el partido Comunista venezolano, que se conforma en el año 1931, posteriormente a este surge el partido Acción Democrática, Copei, Bandera Roja entre otros.

*Cindy Colina, Foro "Generación del 28", UPEL*
*Instituto Pedagógico de Barquisimeto* **(2009)**

Hoy es un beneficio tener la oportunidad de reunirse en un espacio simbólico, para discutir los pro y los contra que tuvo ese movimiento 80 años atrás, y así viéndolo reflejado en los hechos acontecidos actualmente tener la posibilidad de crear una generación para la historia, con los mismos principios, pero mejorada. Tratando precisamente de no cometer los mismos errores cometidos en el 28.

*Julio Castillo, Foro "Generación del 28", UPEL*
*Instituto Pedagógico de Barquisimeto* **(2009)**

Las intervenciones anteriores se ejercieron durante el Foro "Generación del 28" realizado en el Instituto Pedagógico de Barquisimeto en el 2009, con el objetivo de encontrar semejanzas y diferencias desde puntos de vistas diferentes sobre el mismo hecho. El autor Manuel Caballero señala en su obra *Las crisis de la Venezuela contemporánea*

*(1903-1992)* las principales consecuencias del surgimiento de la Generación del 28, de las cuales consideramos pertinentes marcar dos de ellas:

1. Cambia el escenario de las luchas políticas y sociales: se pasa del campo a la ciudad.
2. El esfuerzo por despersonalizar el ejercicio de la política y el poder.

No todo termina aquí, fíjese en las siguientes intervenciones de personas vinculantes a partidos políticos, en una actividad similar al Foro "Generación del 28", realizada en 2009 también:

Génesis y vigencia de actuación venezolana. Antecedentes al 28 en cuantos a diversos aspectos: Explotación petrolera, entran a Venezuela las trasnacionales convirtiéndose en un estado poderoso y con fuerza. El país estaba gobernado por una persona fuerte y dictadora. Surgen los sectores de clase media, producto de la burocracia que había en el país, dentro de esos sectores medios se encontraban los artesanos; los estudiantes de esta clase entran a la Universidad central de Venezuela, se generan los Movimientos Estudiantiles y se dan las primeras intervenciones de los estudiantes de derecho entre los cuales caen presos Pío Tamayo, Rómulo Betancourt, Guillermo López Gallegos y Jóvito Villalba. Ser comunista en ese tiempo era prohibido, a pesar de eso el país se empieza a organizar políticamente creándose: en 1.937 el partido acción Democrática, en 1.945 COPEI, se da el primer proceso electoral, las mujeres participan por primera vez en un proceso electoral, el voto es directo y secreto, nuevos partidos (renovadores vs. ortodoxos); luego de todo esto se da la resistencia a la primera década del periodo democrático, se forman los partidos MAS y Causa R, en 1.990 viene la crisis del Liderazgo, 1998 el fenómeno Chávez y en el 2.007 la Generación Libre.

### Miguel Ángel Alejos (Acción Democrática)

Los estudiantes de la Generación del 28 que se revelaron eran organizados y los primeros de su clase, se estrenaron como actores importantes de la era política republicana venezolana abierta en 1830. Instalado en el poder el general Juan Vicente Gómez, fue prácticamente el movimiento estudiantil el único sector del país que se mantuvo en una línea de intransigente oposición contra la barbarie política progresivamente desplegada por dicho gobierno. La muerte de Gómez, en diciembre de 1935, no marcó el final inmediato del *gomecismo*, a falta de partidos políticos, tocó por ello, a la misma organización universitaria desempeñar en un primer momento el papel protagónico en las nuevas luchas para alcanzarla. En 1.937 los partidos creados (AD, COPEI, PCV) pasan a ser legales por Isaías Medina Angarita, a esta generación se debe la organización y creación de cada partido. Y así se llega a nuestros días, los que corren desde 1999, donde una parte creciente de la sociedad venezolana había venido haciendo frente a los intentos hechos por un gobierno electo según las fórmulas de la democracia, para crear, en su reemplazo, un sistema político revelado, surge en el país diversos cambios ya que se forma el partido MVR, se da una nueva Constituyente con el presidente Hugo Chávez Frías al frente, se cambia la estructura de Venezuela en todos sus aspectos y ámbitos.

### Néstor Araujo (Partido Socialista Unido de Venezuela)

Es necesario pensar que tal generación es la primera en su clase por las acciones que realizó en esos años, una inspiración para todos los adolescentes y jóvenes que deseen emerger desde las instituciones educativas hacia una vida dinámica en cualquier campo de acción. Seguro que esos líderes utilizaron técnicas y herramientas adecuadas en el contexto y era de sus vidas para mostrar su ímpetu frente a un gobierno que mantenía su hegemonía en el poder mediante métodos no adecuados para la sociedad venezolana.

¿Tendrá que ver la oratoria o el discurso de cualquiera de los personajes mencionados en los sucesos históricos de tal generación? ¿Será que esos estudiantes de tal época lograron tocar el espíritu de cada venezolano? ¿Piensas que se identificaron con las necesidades de los ciudadanos de nuestra nación? Esas son respuestas que serán reveladas en las siguientes páginas, de momento seguiremos analizando el liderazgo estudiantil venezolano en referencia a la "Generación del 58", la más famosa para todos los venezolanos…

Imagen 6. Escáner de protesta realizada en el Instituto Pedagógico de Caracas por estudiantes de dicho instituto y del Instituto Pedagógico de Miranda, cumpliendo con el rol de hermandad Upelista. El motivo es el asesinato del Br. Hommy Espinoza e inseguridad. Diario La Voz, 29 de abril de 2012.

## Capítulo II
## Sublevación en tiempos de Marcos Pérez Jiménez – Año 1957

Sin duda alguna, las experiencias relatadas en el capítulo anterior dan a entender la importancia que tuvo esa generación en el marcaje diferencial entre dos escenarios diferentes en el país, el existente y el planteado, pero no todo termina en esa generación... Pues siguieron los mismos escenarios de lucha, más vivos, frontales y de posturas más extremistas, debido a que el gomecismo concentraba su visión en el militarismo y totalitarismo como forma de gobierno civil, y ante ello, los valerosos jóvenes de la época, y sus seguidores, mantuvieron la llama de lucha ante la tiranía de Juan Vicente Gómez y Eleazar López Contreras (1935 – 1941), aunque las primeras manifestaciones estudiantiles en Venezuela comenzaron en la Generación del 28 (1912 – 1928), las mismas en contra de López Contreras eran mayores, más agudas y tenían mayor alcance a la sociedad.

Imagen 7. Fotografía referida a la concentración de los jóvenes en rebeldía al Gobierno de Marcos Pérez Jiménez, durante el famoso plebiscito del 21 de noviembre de 1957.

Ciertamente, el General Marcos Pérez Jiménez tenía una visión moderna, en realidad futurista, del país que merecían todos los ciudadanos, es por ello que realizó las obras de gran envergadura, tanto así que muchas de ellas perduran en el presente, ¡con admiración sublime!

Además de lo mencionado, existía en el General un detalle: era militar, por ende muy estricto y disciplinado... La presencia de Pérez Jiménez en el poder, en comparación con el General Juan Vicente Gómez, era aproximadamente... ¡10 veces mayor en todo lo que podamos pensar: represión, sistema de justicia, forma de gobierno, legislación, entre otros elementos comunes! Todos los venezolanos, sobre todos los adolescentes, jóvenes y con énfasis de quienes se encontraban en la Universidad Central de Venezuela (UCV) y Universidad Católica Andrés Bello (UCAB), ya estaban cansados de cómo se tenía que vivir bajo el mandato de un General, cosa que no era de esos años, ¡sino de más décadas que uno pudiera especular! En todo caso, desde finales de 1957 ya se estaba gestando métodos y estrategias para realizar un golpe de Estado en contra del Gobierno Pérezjimenista, usted se preguntará… *¿Cómo lo hicieron?* Lea el siguiente relato:

> [Entre los estudiantes universitarios](…) los ucabistas [relativo a los estudiantes de la Universidad Católica Andrés Bello] preparan el día 20 los actos que al día siguiente realizarían en el patio central de la institución [UCAB] consistente en: el canto del Himno nacional, la quema de un ejemplar de El Heraldo, periódico oficioso del Gobierno; la quema de un ejemplar del estatuto electoral que hacía legal la celebración del plebiscito anunciado para el 15 de diciembre y, finalmente, quema de un retrato de Pérez Jiménez.

> *Aureo Yépez Castillo, La Universidad Católica Andrés Bello*
> *en el marco histórico-educativo de los jesuitas en Venezuela* **(1994)**

Desde esos días, más o menos a principios de noviembre, los distintos sectores, siendo los estudiantes universitarios y liceístas de Caracas los primeros, empezaban a realizar una acción muy destacada desde la Generación del 28, ¡calentar las calles! Esto con intención de derrocar al General Pérez Jiménez y a su Gobierno, ¡había mucha tensión! ¡Miedo! ¡Suspicacia! En fin, muchas cosas estaban en corriente para iniciar el golpe de Estado, aquí te presento el siguiente relato, de alguien que se encontraba en ese escenario, un hombre que, espero que siga con vida, fue valiente y tomó los riesgos que él sabía asumir…

> Empezamos por salir a la calle, los del Liceo Fermín Toro y los del Liceo Andrés Bello, a donde fui a tener en 1956 luego de que, con toda razón, Rafael Vegas tuvo que sacarme del Santiago de León, alzados contra la policía y a gritar consignas libertarias. Por supuesto, la represión fue brutal, pero no nos quitó del camino. Poco después, cuando yo había dejado temporalmente los estudios, empezamos a organizarnos de verdad. Queríamos echar del poder al grupo de delincuentes y abusadores que, desde el fraude electoral del 30 de noviembre de 1952, ocupaba la presidencia y los ministerios de Venezuela. Carlos Julio y yo, en particular, recibimos instrucción y consejos de un personaje salido de la guerra civil española. Un antiguo anarquista que trabajaba en San Bernardino como mecánico, y además de enseñarnos mil trucos relacionados con la clandestinidad, nos instruyó en las artes de hacer bombas incendiarias y cosas por el estilo. Nos preparábamos, si era necesario, a iniciar una pequeña guerra

civil. Pero no fue necesario. Pronto estábamos, casi todos mis amigos y yo, dedicados a fomentar el alzamiento colectivo contra la dictadura. Agitábamos en las calles y en los lugares de reunión, repartíamos volantes y propaganda subversiva, promovíamos la resistencia activa y pasiva contra la dictadura.

El comienzo del final fue la acción de los estudiantes de la Universidad Central de Venezuela, hacia fines de noviembre de 1957. Allí se quemó un monigote con gorra militar y anteojos de carey (que por cierto habían sido de Poncho Casanova), que representaba al dictadorzuelo. Ese día se reunía un congreso médico en el Aula Marga de la Ciudad Universitaria, y los estudiantes alzados, para entrar, rompieron una puerta de vidrio. Uno de ellos, Remberto Uzcátegui Bruzual, les habló a los médicos y les explicó la situación. Poco después salieron los estudiantes en manifestación hacia la Plaza Venezuela, y allí fueron reprimidos brutalmente por la policía y la Seguridad Nacional. Varios fueron arrestados, entre ellos mi amigo Martín Toro, que recibió cadenazos y golpes a granel en la sede de la Seguridad, en la Plaza Morelos. Sus amigos nos reunimos en su casa para acompañar a sus padres y preparar nuevas acciones. Un par de días después lo soltaron, amoratado y furioso, pero listo para seguir en acción.

Y fue en la casa de los Toro en donde Elías Toro, Isaac J. Pardo y Miguel Otero Silva, redactaron lo que se conoció como al Manifiesto de los Intelectuales, cuya primera firma fue la de Mariano Picón Salas. Luego se imprimió en **El Nacional**, y Miguel Otero, con el fotógrafo Quijano, le llevó a la casa de los Toro, en donde nos habíamos reunido veinte y tantos muchachos para distribuirlo. Pero nos dimos cuenta de que la casa estaba vigilada por los esbirros del régimen, por lo cual reconvocamos la reunión para la casa de Monseñor Márquez Cañizales, a donde también irían Miguel y Quijano en un automóvil desvencijados, con una cajas que tenían el rótulo de huevos frescos y estaban llenas de manifiestos impresos. Pero Monseñor se enfermó (después se supo que era fiebre reumática) y se decidió que no sería conveniente tomar su casa como centro de distribución. Finalmente Miguel Otero y Quijano, en su automóvil destartalado, dejaron su carga en mi casa, en Las Mercedes.

*Eduardo Casanova, Cartas de Eduardo Casanova* **(S/F)**

De esa forma inicia un conjunto de enfrentamientos por parte los estudiantes contra funcionarios de la Seguridad Nacional (SN), del Gobierno Pérezjimenista, un relato interesante de esas luchas es el siguiente:

El Frente Universitario, compuesto por estudiantes de la UCV y la Universidad Católica Andrés Bello (Ucab), inició la manifestación enfilando la marcha al encuentro de cardiólogos. Allí comenzó todo: la SN inició un bombardeo con lacrimógenas mientras irrumpía los espacios del alma máter caraqueña. El costo fue de «un grupo de bachilleres presos». El grupo fue enfrentado en el puente ubicado entre Plaza Venezuela y la Ciudad Universitaria. Esto sirvió para que el termómetro político nacional se elevara considerablemente. La tensión era fuerte.

La UCV fue allanada, la persecución estudiantil fue desatada. Las actividades en la casa de estudios se mantuvieron suspendidas, lo que se tradujo en un momentáneo silencio político universitario. Los calabozos del régimen Pérezjimenista sumaban nuevos nombres y la lista de muertos, heridos y torturados crecía cada vez más, con cada estudiante opositor detenido. Sin embargo, esto no impidió que el Frente Universitario redirigiera sus acciones a los barrios caraqueños. La irreverencia en pleno apogeo salió de las aulas y se plantó en las calles.

Ese jueves de noviembre fue determinante para la democracia venezolana. Pese a la suspensión de actividades, las manifestaciones se extendieron nuevamente en enero de 1958, «llegando al llegadero» el 23 de enero.

Las acciones de ese día fueron la reacción en cadena para que otras instituciones universitarias siguieran «el ejemplo que Caracas dio». La huelga del 21 de noviembre fue precedida por la que habían protagonizado los estudiantes de los liceos Fermín Toro, Juan Vicente González, Andrés Bello, Aplicación, Luis Razetti, Caracas y la Escuela Miguel Antonio Caro.

Simultáneamente, en la Ucab los estudiantes quemaron la Ley Electoral —que consideraban un fraude—, un ejemplar del diario «El Heraldo» y remataron, con un retrato de Marcos Pérez Jiménez. Ese día sirvió para que Venezuela protagonizara una de las luchas estudiantiles más encarnizadas y efectivas. Sirvió también para que el país fuera uno de los más elogiados por su calidad académica y científica, reafirmada con años de prodigios universitarios salidos de las aulas de las —entonces pocas— instituciones de la época.

*Una huelga iniciada por los alumnos de la UCV y la Ucab en Caracas, abrieron paso a la lucha democrática venezolana. Hoy se conmemora su día.*
*Qué Pasa, periódico digital. (2014)*

Dentro del mismo relato, podemos encontrar datos interesantes que han sido elementos de análisis, hasta de debates y discusiones, dichos datos están ordenados en la siguiente cronología del 21 de noviembre:

* Los estudiantes llegaron a la universidad a las 7:00 de la mañana. Se dio inicio a las clases bajo una gran tensión.

* A las 7:30, las clases quedaron interrumpidas cuando grupos estudiantiles de las Facultades de Derecho y Medicina distribuían propaganda.

* Simultáneamente este reparto propagandístico se realizaba también en la Universidad Católica Andrés Bello (Ucab), Escuela Técnica Industrial y Universidad Santa María.

* En la UCV, ese día se comisionaron estudiantes para hablar en las aulas de clase en las diferentes facultades.

* A las 8:30, comenzaron a llegar las fuerzas policiales y militares armados con carabina, machetes y bombas lacrimógenas. Reprimen indiscriminadamente y varios estudiantes son detenidos.

*Las clases fueron suspendidas, había presencia —policial-militar— permanente.

***Abg. Jesús Sotillo Bolívar, Revista Universitaria Extramuros (extracto). Reseña del Movimiento Estudiantil del 21 de Noviembre del 1957 (2008) en Qué Pasa, periódico digital. (2014)***

Sin duda alguna, este tipo de luchas, con su intensidad característica, debió ser más ardua con respecto a las luchas suscitadas en la Generación del 28, puesto que existían más elementos particulares, tanto en contexto social como en desarrollo tecnológico. Lo único que está claro, es el cansancio de los ciudadanos, ¡sobre todo de los jóvenes!, hacia la actitud dictatorial y represiva por parte de un Gobierno militarista y de sus hombres congregados en la Seguridad Nacional. Así es, los jóvenes, durante el agitado mes de noviembre, también se habían manifestado a la opinión pública, sobre todo en el diario titulado *"Boletín Informativo de la Junta Patriótica"* (una coalición cívico – estudiantil), declarando la huelga general y la defensa de la Constitución del Estado y la cancelación de elecciones (promovidas por el General Pérez Jiménez, en el famoso Plebiscito). Haciendo que el régimen persiguiera a los estudiantes, tanto en la UCAB como en la UCV, ¡incluso en los liceos de Caracas!

*"Si consigo ver más lejos es porque he conseguido auparme a hombros de gigantes."*

**Isaac Newton**

Imagen 8. Fotografía aficionada mostrando tanques del Ejército Nacional dirigiéndose a la Urbanización 23 de enero, durante el mes de enero del 1958.

Otra prueba del inicio de la huelga general por parte de los venezolanos, adherida a la lucha estudiantil es el siguiente manifiesto de los estudiantes de la UCAB en papeles multigrafiados, en apoyo a sus compañeros, expresan:

> No creemos en firmas ni tememos a las represalias, ya que desde este instante nuestro grito es de GUERRA: Guerra al continuismo del dictador de turno. Guerra a la cacería inhumana que se está haciendo a varios compañeros de la Universidad Central. Y nuestra voz es de Aliento a los universitarios merideños, que en este momento sufren una bestial persecución.

**"Manifiestos contra la Dictadura" (Carpeta) en Aureo Yépez Castillo, La Universidad Católica Andrés Bello en el marco histórico-educativo de los jesuitas en Venezuela (1994)**

Así es, ese manifiesto hace alusión al apoyo a los estudiantes de la UCV y de la Universidad de Los Andes (ULA) en Mérida, quienes también se sumaron a las protestas ya reconocidas, en su caso por el hecho de que, ¡la dictadura también ha golpeado fuerte en las periferias! En atención a ello, Elena Plaza (1978) expone su punto de vista:

*"...así como también hay una gran agitación laboral y estudiantil. El gobierno desesperado... Los liceos son clausurados. Comienzan las manifestaciones en toda Caracas..."* (pág. 68)

Luego de que estos hechos ocurrieran, pasó lo que debía suceder en esas condiciones: Estudiantes contestatarios, ciudadanos sublevados, descontrol en las fuerzas militares opuestas al General Pérez Jiménez, temor y ansiedad durante los últimos 3 meses (Noviembre de 1957 – Enero de 1958), hasta que llega el famoso 23 de Enero cuando todo el Gobierno Pérezjimenista es derrocado y el General huye del país en una avioneta. Una lucha estudiantil se convirtió en una lucha popular con un grito unísono: ¡Muerte a la tiranía!

Imagen 9. Actuación de las fuerzas militares opositoras a Pérez Jiménez durante la sublevación popular, enero del 1958.

De modo que este es el génesis evidente de la constitución sólida del Movimiento Estudiantil Venezolano, y más por el hecho de que los estudiantes de las distintas Universidades se reunificaron bajo la organización de los Centros de Estudiantes y de la Federación de Centros de Estudiantes (actual Federación de Centros Universitarios) de cada una. Eso en paralelo con la creación de la primera Ley de Universidades y la devolución de la autonomía universitaria a cada casa de estudios de la educación superior (actual educación universitaria). Ahora tú y yo sabemos todo el alcance que puede tener una instancia colectiva de este tipo: debates internos y con las comunidades, ¡hasta con sociedades!, realizar propuestas en todos los niveles, formalizar acciones de cualquier magnitud hasta alcanzar las metas trazadas. En fin, también puede encender las llamas de la libertad cuando el país lo requiera, como en la Generación del 28. Cabe destacar que en ambas generaciones hay algo que me parece interesante… ¡Veamos de qué se trata!

*"Si he hecho descubrimientos invaluables ha sido más por tener paciencia que cualquier otro talento."*

**Isaac Newton**

Imagen 10. Fotografía de un titular de un medio impreso, 24 de enero del 1958.

Imagen 11. Concentración en el Palacio de Miraflores por el derrocamiento del General Pérez Jiménez, enero del 1958.

## Capítulo III

### ¡Detente ahí! ¿Seguro que no hay un cambio en ti?

Quiero hacer una pausa en el relato de las luchas estudiantiles para que puedas respirar, pensar un poco en lo que hubiera sido este país sin este conjunto de iniciativas, escenarios, sucesos, disputas entre los distintos actores mencionados… ¡Por favor, vuelve a respirar 3 veces! Lentamente, con tranquilidad… Quiero que leas y repitas en tu mente las palabras del título de este capítulo, ¡sí! Como lees, en este momento quiero que te concentres en los posibles factores, elementos, incluso las causas que ayudaron a esos líderes a ser lo que son y fueron… ¡Líderes para ayudar, colaborar, empujar y transformar almas! Esas almas en cada una de las personas involucradas en sus luchas, luchas por alcanzar un ideal… ¡El ideal de todos! Ahora quiero que te digas a ti mismo lo que piensas en estas preguntas reflexivas:

- ¿Qué piensas de las acciones hechas por cada uno de los personajes?
- ¿Crees que esos eventos del pasado tienen mucho que ver con el presente?
- ¿Qué hubieras hecho tú?
- ¿Cómo lo habrías hecho?
- ¿Qué propuestas plantearías ante esas situaciones?

Seguro pensarás que soy un frenético y apasionado por el tema que estoy expresando en estas líneas del libro, ¡sí, es verdad lo que piensas! Hago esto para enseñar a las futuras generaciones; tus hijos, tus nietos, posiblemente a tus bisnietos, así como a mis hijos, mis nietos y bisnietos, a conocer el por qué tú y yo sabemos mucho acerca de este tema, el cual estoy seguro que te entusiasma tanto como a mí… También lo hago para que nadie cometa los errores que nuestros antecesores, como el famoso dicho *"El que no conoce su historia, está condenado a repetirla"*, seguro recordarás más que yo, quien dijo tal dicho. En fin, ¡estoy muy seguro que hay un cambio en ti!

Esa inspiración que encontré, como la dije en el prólogo, es producto de lo que mencioné y del hecho de prepararme y formarme como estudiante de la **UPEL**, político, miembro del **Movimiento Estudiantil Venezolano** (el que surgió en el 2013 en la UCAB), miembro de una organización política – ecológica desde el 2012 (**Movimiento Ecológico de Venezuela**), ¡y quién sabe lo que me depara el futuro! Solo sé y, ¡estoy seguro que hay un cambio en ti!

Es cierto que para cada ámbito donde me guío, no tuve que trabajar solo siempre, ¡he necesitado de todos mis compañeros estudiantes y líderes estudiantiles para poder alcanzar las metas deseadas! Eso se llama trabajo en equipo, una herramienta poderosa para lograr cualquier propósito que te propongas, recordando que cada miembro debe colaborar con sus fortalezas, destrezas y habilidades, ¡sobre todo en la cooperación y en compartir las responsabilidades! Sé que al tú entender estas líneas, ¡estoy seguro que hay un cambio en ti!

Imagen 12. Discurso de líderes estudiantiles de las universidades públicas luego de la rueda de prensa dirigida al Gobierno de Nicolás Maduro, 10 de julio del 2013 en la biblioteca del Instituto Pedagógico de Miranda, La Urbina.

Dentro de mi formación permanente, he tenido que acudir a ayuda profesional, sobre todo en la **Oratoria**, en el **Coaching**, en el manejo de las **emociones** y de los **valores**, ¡para expresar lo que quiero de una forma sencilla! En el *Curso Intensivo de Oratoria*, de *Funda Líderes*, a través del proyecto FECLE, aprendí las herramientas de comunicación efectiva de modo muy útil, pero para lograr esos objetivos, hay que tener principios que sean acordes a lo que quieres y a lo que te regalo en estas palabras que escribo. Por eso, ¡estoy seguro que hay un cambio en ti!

Pues como apasionado de la política, estoy seguro que querrás saber los secretos de cada uno de los personajes mencionados, ¡y muchísimos más del presente! Eso lo diremos después, por ahora… Sigamos paseando por los famosos *"40 años de la democracia"* y por nuestra historia nacional contemporánea, por cierto, ¡no olvides que hay un cambio en ti!

*"El humor es indicador de inteligencia emocional"*

**Walter Riso**

# Capítulo IV

## Reivindicaciones estudiantiles en tiempos difíciles – Años 1958 y 1998

Luego del derrocamiento de la época Pérezjimenista, hubo muchos ajustes en el Estado, en todos los aspectos que podemos pensar: Gobierno, Poderes Públicos, Administración Pública, gremios profesionales, Universidades, Escuelas, en fin. El cambio respecto a gobiernos anteriores es abrumador, sin embargo… ¡No todo es de color Rosa! Puesto que este es el inicio de una época muy criticada por muchísimos venezolanos de nuestros días: La lucha armada de los años 60 perpetrada por la extrema izquierda, el "Pacto de Punto Fijo" y la democracia representativa, ejercidos por los partidos políticos renombrados de turno, Unión Democrática Republicana (URD), Acción Democrática (AD) y COPEI, además del Partido Comunista de Venezuela (PCV), y los problemas económicos que pronto afectarían el orden social, sobre todo al sector estudiantil.

Es importante que prestemos atención a lo que expondré en las siguientes líneas, desde este momento inicia la etapa más fuerte que nuestro país ha sufrido, y que persiste en nuestro presente, con palabras que no necesito plasmar en este libro, pues eso es caer en retórica de un tema que sabemos bien: Crisis en la alimentación y economía, en el progreso desarrollo de un país como una potencia, y en las luchas de las clases sociales, o de los estratos sociales como es dicho hoy en día. Durante los primeros 20 años (1958 – 1978), los estudiantes de las diferentes casas de estudios del sistema universitario, sufrieron los duros embates de lo que padeció el país, medidas anti populares, sistemas de gobiernos alternados en un "bipartidismo" (significa la rotación del Poder del Estado entre los partidos políticos Acción Democrática y COPEI).

En primer lugar, durante el gobierno de Rómulo Betancourt, distintos grupos guerrilleros, factores de la izquierda extremista aliados a tales grupos guerrilleros, y el desacuerdo de muchos jóvenes con algunas ideas del gobierno de Betancourt fueron elementos agitadores para transformar la percepción de la sociedad en la naturaleza de cada factor congregado en fuerza política. Sin duda la situación de Venezuela durante el gobierno de Betancourt fue extremadamente difícil, sobre todo en la caída de la economía producto del derrocamiento de la dictadura Pérezjimenista. Después, en el gobierno de Raúl Leoni, las universidades sufrieron con suma agudeza la violación de la autonomía universitaria instaurada como logro, luego de haber derrocado la era dictatorial Pérezjimenista. En ese flagelo, aunque hasta cierto punto tiene justificación, hubo muchísimos daños materiales jamás repuestos por el gobierno de Leoni, a pesar de la captura de figuras importantes del denominado "terrorismo guerrillero insurgente" (producto de la suma de fuerzas extremistas partidistas y no partidistas de izquierda durante el gobierno de Betancourt).

A pesar de que el gobierno de Leoni alegó que fue para mantener la seguridad ciudadana dentro de los recintos universitarios, incluyendo el hecho de reformar la Ley de

Universidades en una que atentaría contra la UCV en el aspecto de suspender las actividades académicas de forma temporal, esto generó un rechazo rotundo por parte del Movimiento Estudiantil y todo su gremio, al igual que en todas las universidades existentes para la época del país, a dichas medidas adoptadas por el gobierno de turno, forjando así un debate arduo acerca de dicha Ley y de todos los sucesos extraordinarios que ocurrían en cada una de las casas de estudios referidas, sobre todo en la UCV. Una vez más acaecerían rencillas, marchas, disturbios, entre otros factores de desorden a nivel estudiantil.

A pesar de los eventos que se presentaban ante la sociedad venezolana, tanto en lo nacional como en lo internacional, haciendo referencia a la invasión de Camboya por parte de los Estados Unidos y la Guerra de Vietnam, los hechos que marcaron la pauta a nivel de las luchas estudiantiles fueron la reforma de la Ley de Universidades promulgada en el primer gobierno de Rafael Caldera (1970), ¡y vaya que fue muy criticada!, haciendo que la UCV fuera custodiada por las fuerzas policiales del Estado y que el Rector de la UCV fuera destituido de sus funciones, desencadenando un nuevo brote de protestas estudiantiles, más abrumadoras que las luchas grandes anteriores, por el hecho de que estudiantes de los liceos participaran también, ¡y mucho más en la capital!. Todo este brote duró hasta la primera mitad de 1971, sobre todo en mayo de ese año. Causando que el Presidente de la República propusiera elecciones universitarias y la normalización de las actividades académicas.

En la segunda mitad de estos tiempos difíciles (años 1978 – 1998), es donde ocurren las consecuencias de todas las acciones realizadas por parte de todos los venezolanos y de las medidas adoptadas por los distintos gobiernos, desde el Pérezjimenismo hasta la primera gestión de Rafael Caldera, muchas de esas consecuencias son bastante conocidas por nuestros padres y nuestros abuelos, ¡puedes preguntar lo que desees a ellos acerca de tales consecuencias! De igual modo puedo enumerarte de modo simple las siguientes:

- Medidas económicas que favorecieron a grupos privilegiados y poderosos.
- Deuda externa asfixiante y pesada, ¡mucha cantidad monetaria por pagar!
- Rentismo petrolero, producto de la exportación masificada del petróleo.

Como dije, las consecuencias que mencioné son las más simples que cualquier interesado pudiera encontrar en cualquier texto de historia contemporánea de Venezuela o algún similar, ¡hay muchísimas más! Pero de eso no quiero llenar este capítulo, lo que explicaré a continuación, es cómo los estudiantes universitarios tuvieron que afrontar todos los escenarios que se desarrollaban en esta segunda mitad de los tiempos difíciles…

Producto del manejo y transferencia de los recursos asignados a las universidades públicas desde 1978 en adelante por parte del Estado, surgen graves problemas en el seno universitario, pues lo que el Estado ha asignado en recursos es menos de lo solicitado por cada universidad, a través de la Dirección General de Planificación y Desarrollo, repercute de manera grave en los siguientes aspectos:

- Exclusión de profesores contratados, más en la Universidad de Los Andes.
- Alza de precios e insumos propios para cada profesor.

- Impacto negativo en la preparación y calidad académica debido a la relación estudiantes/profesor producto del aumento de matrícula.

Sumado a esto, los estudiantes de la Universidad de Los Andes junto a la Federación de Centros de Estudiantes, presionaron al Consejo Universitario a que abriera sus puertas a bachilleres sin cupo, ¡mostrándose renuentes al cierre de su casa de estudios!

Y esto es muy válido, debido a las palabras de Humberto Ruiz Calderón que dejo en las siguientes líneas en su producción titulada *Crisis presupuestaria y política científica en la ULA (1978 – 1987)*: *"el déficit acumulado... ha causado graves efectos en la situación general de la universidad y en particular en el desmejoramiento de serie de indicadores de su funcionamiento académico, así como la imposibilidad para adelantar nuevos programas"* (pág. 7). Las cuales tienen firmeza, ¡y qué firmeza!, debido a la siguiente cita que dejo a la vista:

> *Entre 1980 y 1984, los presupuestos universitarios fueron congelados, y en 1982 debieron confrontar la gravísima dificultad de disminuir presupuestos que ya estaban en ejecución. Las consecuencias de esta situación sobre la normalidad de la vida institucional en los principales Centros de Educación Superior no tardaron en hacerse sentir en forma de un estado de conflictividad que caracterizó a las universidades desde entonces.*

> **Cecilia Gaviria de Mendoza, "La Educación Superior Venezolana vista a través de la prensa nacional" (Julio 1980 – Julio 1983)**

Imagen 13. Momentos previos a la actividad denominada "Judas Universitario" de los Institutos Pedagógicos de Caracas y Miranda, 02 de julio del 2013 frente al Instituto Pedagógico de Miranda, La Urbina.

En otro orden de ideas, las protestas toman auge una vez más debido a factores distintos a los surgidos en las Generaciones del 28 y del Pérezjimenismo, en esta ocasión se trataba de la privación de los beneficios que se les otorgaba a los estudiantes, sobre todo en la alimentación, servicios de salud, reducción y restricción de las becas estudiantiles. Es algo totalmente parecido a lo que los estudiantes en los últimos años estamos viviendo, aunque con diferencias marcadas, ¡claro está! Y así seguían las mismas por otros muchos factores: defensa de derechos humanos ante dirigentes estudiantiles, medidas en contra de las universidades, aunque con menor impacto, entre otros factores fuera del contexto universitario donde tenían participación los estudiantes y sus dirigentes de cada casa de estudios universitaria.

Ahora viene un escenario que marcó las páginas de los textos históricos, sociales y políticos del país, luego del gobierno de Jaime Lusinchi... ¡*"El Caracazo"*! En este episodio, la actuación del Movimiento Estudiantil no tuvo acción protagónica, ya que eran los venezolanos de los sectores populares quienes llevaban la dirección de los sucesos ocurridos.

Haciendo un paréntesis importante en esta segunda mitad de los tiempos difíciles, en la Universidad de Los Andes ocurrieron protestas por los *"Bachilleres sin Cupo"*, con énfasis en los años 80. ¡Así es! Manifestaciones estudiantiles en la Ciudad de Mérida, ante la debilidad ‹‹justificada›› que tenía el Consejo Universitario de dicha casa de estudios, debido al presupuesto que percibía por parte del Estado y las medidas político – económicas que adoptaron los gobiernos de turnos en esa década, y todas las consecuencias que pudimos pensar, ¡más otras que en verdad ocurrieron! De hecho, el 25 de septiembre de 1980, 20 mil estudiantes universitarios realizaron la *"Toma de Caracas"* para exigir a las autoridades gubernamentales, sobre todo en el Ministerio de Educación Superior, un presupuesto que cubriera las necesidades de todas las casas de estudios universitarias, sobre todo los estudiantes de Mérida, quienes contaron con 22 autobuses repletos de la ULA.

¡Aun así!, no fueron escuchados por ninguna autoridad gubernamental… ¡Nada! Haciendo que tales circunstancias tomaran un nuevo nivel, no hace falta tocar los escenarios nuevamente, para eso tenemos los sucesos ocurridos dentro de la crisis universitaria del 2013, ¡y que todavía persiste!, y el escenario de *"las guarimbas"* del 2014, y hago mención de ello por ser el ejemplo más cercano entre lo ocurrido en los 80 y nuestra historia contemporánea. De hecho, durante el *"El Caracazo"*, a pesar de que el Movimiento Estudiantil no tuvo acción protagónica alguna, en Mérida, la comunidad estudiantil de la ULA, ya estaba al tanto de todo lo que se avecinaba, ¡así fuera más de lo mismo que han sufrido en los 80, pero más grave! Claro, después de los efectos de *"El Caracazo"* en las diferentes ciudades del país, el Movimiento Estudiantil se incorpora a las luchas mencionadas en este caso, de forma más vistosa, tal como en nuestros tiempos…

*"Si quieres que pasen cosas buenas, debes hacer cosas buenas y, a veces, otras malas."*

**Elvis Linares**

Imagen 14. Rueda de prensa de líderes estudiantiles de las universidades públicas anunciando el cese del conflicto universitario, 13 de agosto del 2013 en la sede de la Federación de Asociaciones de Profesores Universitarios de Venezuela, Caracas

Imagen 15. Rueda de prensa de líderes estudiantiles del Instituto Pedagógico de Miranda denunciando las irregularidades en la situación de la extensión Valles del Tuy, 25 de agosto del 2015 en el Ministerio del PP para la Educación Universitaria, Ciencia y Tecnología, Caracas

## Capítulo V

## Resurgimiento de la lucha con Hugo Chávez al poder – Años 1999 – 2012

### Antecedes al Movimiento Estudiantil Venezolano del 2007 (Parte I)

Así es, ¡todo lo que dije al final del capítulo anterior es verdad!, el Movimiento Estudiantil no tuvo acción alguna en el "Caracazo" porque eran muchísimos los ciudadanos del país, sobre todo en las ciudades principales cercanas a Caracas, quienes se involucraron más con ese gran suceso histórico: saqueos, enfrentamientos, matanzas, persecuciones, ¡y muchas cosas más malas! Todo eso es resultado de lo que mencioné antes, medidas no acertadas por parte del gobierno en sus distintas gestiones, desde Raúl Leoni hasta Carlos Andrés Pérez en su segunda gestión, en todos los aspectos que podamos pensar, sobre todo en lo económico y en la educación como sistema nacional. En todo caso, la única actuación que los estudiantes y los dirigentes estudiantiles pudieron haber hecho es ayudar a los ciudadanos en todo lo que mencioné o ayudar a resguardar en la mejor medida de sus posibilidades todos los materiales que tenían para que no fueran saqueados, en cada una de sus casas de estudios... ¡Incluso en sus hogares con sus familias!

De todos modos, no vale la pena seguir detallando más lo que ocurrió en esos días tristes, pues hay especialistas, historiadores, ¡y muchas personas quienes vivieron en carne propia lo que pasó en el "Caracazo"! Es posible que prestaste atención al título del capítulo actual, tanto que debes preguntarte ¿Por qué el autor siguió directo al año 1999 en vez de detallar lo que ha hecho el Movimiento Estudiantil en los años 90? Mi respuesta a esa pregunta es que deseo resaltar la actuación de los líderes que marcaron pauta en las épocas más importantes para nuestro país, ¡no es que no quiera mencionar lo que hizo el Movimiento Estudiantil en los años 90! Lo que sucedió realmente, en resumen, es que la reacción estudiantil fue mayor en sus luchas cuando Hugo Chávez llegó al poder mediante las elecciones del año 1998, bueno, tal vez un poco antes...

Un ejemplo épico de ello es el tema relacionado al "Proyecto de Ley de Educación Superior", mejor conocido como el PLES, que se había discutido en el Congreso de la República (actual Asamblea Nacional) en el 1998. Aquí ciertamente el suceso tiene una particularidad respecto a las típicas manifestaciones estudiantiles, en esta acción ejercida, sobre todo por los dirigentes estudiantiles del Movimiento 28 de Marzo (M 28), se realizó por primera vez en modo vistoso "una protesta creativa". Tanto así que sorprendió a toda la comunidad Ucevista (FCU y autoridades rectorales), la gente de Analítica en el siguiente artículo dice:

> La idea de que los estudiantes por sí mismos, espontáneamente, habían decidido llevar a cabo la lucha contra un instrumento de ley que creían nocivo para sus intereses, derivó rápidamente en la creencia de que las bases universitarias estaban movilizadas y que de ahí en adelante eran ellas las que decidían. Creencia en la cabeza de algunos de los beneficiarios del "movimiento" nudista,

que comenzaron a tejer su "ideología" de un poder universitario por la base, que trascendiera a las estructuras formales de la institución.

*Analítica (página web), Desnudos frente al Espejo* **(2001)**

En teoría, la idea es aplaudible, cualquier iniciativa que conlleve a una transformación en un sistema determinado es posible, el problema real es el conjunto de percances, intervenciones, o fracasos inclusive, presentes en ese proceso y el agotamiento en todo sentido que genera lo mencionado antes. Tal iniciativa forma parte de la democracia moderna que se debería practicar en todos los países, puesto que la democracia representativa, en algunos escenarios, ha sido totalmente desplazada, su permanencia solo es visible en las estructuras de las organizaciones gubernamentales en todos los niveles y ámbitos. Ahora todos los ciudadanos de nuestro planeta, poco a poco, practican y ejercen métodos de participación más directa con todos los poderes e instituciones del Estado para la resolución de problemas de cualquier comunidad, grupo, o incluso país (es un ejemplo macro el que uso respecto al evento estudiantil Ucevista realizado en marzo del 1998).

Lo único seguro aquí, es que evento lo considero como el más resaltante previo a la llegada de Hugo Chávez a la presidencia de Venezuela, ¡veamos por qué!

La comunidad universitaria dio completo apoyo a los nudistas por varias razones. Primero, porque la universidad estaba enfrentada al gobierno del presidente Caldera, y el enemigo de mi enemigo... Segundo, porque el estandarte principal de esa lucha era precisamente la resistencia al PLES, considerado instrumento intervencionista, anti autonómico y privatizador de la educación superior, probablemente sin justicia para con el proyecto.

Tercero, buena parte de ese enfrentamiento había derivado en una de las épocas de más irracionalidad de los disturbios a las puertas de la Ciudad Universitaria, constantes desde el 96; un lastre de desprestigio para la Universidad frente a la opinión pública que, con el eslogan antes mencionado y a nombre del mismo enfrentamiento contra el gobierno y de la misma lucha contra el PLES, la marcha de los nudistas eliminó casi de inmediato e hizo que esa opinión pública hiciera suyas las banderas de la universidad. El movimiento nudista triunfó por hacer la conexión emotiva y sentimental con la comunidad universitaria y por haber conquistado a la opinión pública.

*Analítica (página web), Desnudos frente al Espejo* **(2001)**

Sin embargo, dentro de la misma iniciativa hubo percances en este episodio "triste", debido a que los "nudistas" querían ser mediáticos en una atmósfera llena de disturbios y huelgas (por eso no resalté la lucha estudiantil de los años 90, en el segundo gobierno de

Rafael Caldera sobre todo), querían exponer ante todo medio y en todo espacio de opinión pública posible la conexión emocional y sentimental que tenían los dirigentes del M 28 con la comunidad estudiantil de la UCV. Eso fue debido a que…

> Los tomistas, por su parte, sabían que la clave era ganar en los medios, pero olvidaron el por qué en el 98 los ganaron. Querían espacio mediático y por eso necesitaban espectacularidad: la toma del salón de sesiones del Consejo Universitario se las brindaba, les dio espacio en todos los medios, les dio cobertura amplísima, incluso mayor que la que obtuvieron los nudistas, pero la opinión pública no se gana sólo por aparecer en los medios. El cansancio frente a dos años de conflictividad continua, de invasiones, de enfrentamientos entre sectores, de ataque a las instituciones, de violencia desbordada, hacían prever que la opinión pública reaccionaría con hastío y con indignación frente a un nuevo conflicto de este tipo. En medio de los actos de violencia del jueves 26 y del lunes 30 de abril, que nadie entendió cómo ni quién los produjo, los tomistas terminaron de perder la batalla por la opinión pública –a pesar de los esfuerzos del reportero de Venezolana de Televisión de presentarlos como víctimas- cuando el tomista lanzó la bomba lacrimógena directo a la cámara de Globovisión transmitiendo en vivo y directo. La persecución que el mismo estudiante hizo de la reportera de Globovisión para explicar lo que no necesitaba más explicaciones fue la expresión más fiel de esa derrota, sobre todo porque se llevaba a cabo cuando exhibían al infiltrado con pistola que bien pudo haber servido en otras condiciones para mostrarse como inocentes frente a la violencia.

> Solo les quedaba establecer la conexión emocional y sentimental con la comunidad universitaria, y esa batalla la habían perdido incluso antes, porque a pesar de ser Ucevistas y de considerarse adalides de las reivindicaciones de la universidad, mostraron un total desconocimiento de las formas del pensar Ucevista.

### *Analítica (página web), Desnudos frente al Espejo* (2001)

Por este (muy penoso debo decir) hecho, es que todo Movimiento Estudiantil, plenamente identificado con sus principios y valores, sean cuales sean, el que menos deben pensar, creer o ejercer es la violencia. Debido a que la violencia genera más violencia, un método ejecutado por factores carentes de razones provenientes de fuerzas anti democráticas en todo sentido, una acción que crea deshonra en quien(es) lo realiza(n). Querido lector, como dirigente estudiantil y político, recomiendo que esta sea una lección de oro que debe saber, re aprender y enseñar hasta el cansancio a sus seres queridos, familiares, amigos y descendientes. De la manera que quiera hacerlo, ¡pero hágalo siempre!

Claro, hay que aclarar que las buenas intenciones siempre estarán distanciadas de las acciones que todo ser humano realice, sobre todo si las mismas son sentimentales, emotivas y que llegan al espíritu de cada demócrata o estudiante. ¿No me cree? Vea el siguiente texto citado…

> No al PLES no era exactamente un buen eslogan, necesitaba mucha información previa, empezando por el significado de las siglas. Pero en la opinión pública el eslogan siempre fue acompañado por el otro, sí muy efectivo por su emotividad: La protesta creativa. El eslogan de La protesta creativa permitió que la opinión pública fuera llenando de significado el No al PLES para que al final éste resultara efectivísimo, tan efectivo que hoy por nadie ha presentado un nuevo Proyecto de Ley de Educación Superior que permita reiniciar la discusión sobre las reformas que necesita la educación superior venezolana.

> Pero el No al PLES en la Universidad Central de Venezuela sí tenía significado desde el principio, era donde más lo tenía, e iba acompañado por No a la intervención del gobierno, No al estrangulamiento de la educación superior, No a la privatización, Sí a la autonomía, todos eslóganes muy emotivos que permitían el enlace con los dos grandes mitos que cohesionan a la comunidad Ucevista: el de la UCV como instrumento de igualdad social y el de la UCV como bastión de resistencia frente al Estado venezolano.

***Analítica (página web), Desnudos frente al Espejo* (2001)**

Ahora bien, aquí debo mencionar que la lucha estudiantil ha continuado, aunque en menores escalas, en todas partes del territorio nacional, a pesar de lo ocurrido en los años 90 y entre los años 1999 y 2006, debido a que esos períodos de la historia nacional estuvieron muy marcados por las rencillas sociales y de carácter partidista que trascendieron en la confrontación de los poderes del Estado, ¡valga decir que aún persiste ese fenómeno! Reitero mi intención de no dejar a un lado todo lo ocurrido en esos períodos mencionados, a pesar de que no los detalle (si no recuerda la razón respecto a los años 90, regrese a la página 34 por favor), sobre todo entre los años 1999 y 2006 por los hechos de mayor magnitud que han ocurrido, ¡por favor agradezco que utilice la memoria alojada en su cerebro!

Ahora bien, si necesita saber más acerca de esos sucesos del año 1998, incluso desde un punto de vista diferente, aquí colocaré los siguientes datos específicos. Puede escribir a Franklin Piccone, ¡sí, el mismo que mencioné en el prólogo!, por los siguientes medios:

- Emails: soyfrank@hotmail.com soyfrank18@gmail.com
- Facebook: Franklin Emmanuel Piccone Sanabria

- Twitter: @franklinpiccone

Sé muy bien que él le ayudará a complementar la información que necesita respecto al evento ocurrido entre marzo y mayo del 1998, pues él fue dirigente estudiantil activo en esa época. Espero que esa ayuda le sea de suma utilidad…

Imagen 16. Protesta de jóvenes universitarios en el área metropolitana de Caracas, entre lo sucedido con los hermanos Faddoul y el cierre de RCTV, 2007.

**Antecedes al Movimiento Estudiantil Venezolano del 2007 (Parte II)**

En este momento, seguiré con lo indicado en el título del actual capítulo, ¡así es! Aunque debo empezar de esta forma… Me sentí orgulloso de pertenecer al mundo universitario de Venezuela al ingresar por primera vez a la UCV, en la Facultad de Ciencias. Eso fue en septiembre del año 2007, mientras tanto, se realizaban los sucesos que todo el mundo sabe… Desde mayo de ese año, Hugo Chávez decidió no renovar la concesión al canal Radio Caracas Televisión (mejor conocido como RCTV), por las mayúsculas razones sean, pero eso pasó y los estudiantes de las distintas universidades, ante los sentimientos de los venezolanos, buenos y malos que son producto de ese episodio, salieron a las calles para manifestar su descontento a esa medida, de tal modo que esa acción se transformó en lo que conocemos hoy como Movimiento Estudiantil Venezolano, ante la sociedad y el mundo.

Al respecto, Cavet y De Bastos (2008), expresan lo siguiente:

> Fue el 28 de mayo de 2007 cuando finalmente sucedió. A sólo
> horas de haber salido del aire la señal de RCTV, miles de

estudiantes universitarios inundaron las calles del país, despertando de un letargo de varias décadas, en las cuales habían dejado de ser protagonistas.

Las protestas, lejos de vincularse con la programación del canal privado, apuntaron a una reivindicación de los derechos ciudadanos, fundamentalmente de la libertad de expresión.

Jóvenes de universidades públicas y privadas se sumaron a la lucha, sin mayor objetivo que el de demostrar su molestia ante la arremetida del Estado. Era un momento álgido, de vacío de representaciones políticas y de mínima gestión opositora, por lo cual su irrupción en la escena pública generó aún mayor impacto, y un reconocimiento inmediato de distintos sectores de la sociedad.

La fuerza y el momento en el que aparecieron las manifestaciones, les permitió a los jóvenes impulsarse nacionalmente y enrumbar, de lo que nació como un sentimiento espontáneo, la organización del movimiento estudiantil del año 2007. Quienes un día eran jóvenes desconocidos, se convirtieron pronto en líderes de opinión, impulsores de un sentimiento que representaba a millones en toda Venezuela. Las protestas iniciales en contra de un hecho ya irremediable dejaron de ser la norma, cuando a mitad de año se anunció un proceso de Reforma Constitucional, que marcará a partir de entonces el trabajo de los universitarios, decididos a evitar tal plan gubernamental.

El movimiento estudiantil creció en protestas, organización y alianzas, en el camino para preparar una estrategia electoral en diciembre. Para ese entonces eran ya uno de los factores de mayor credibilidad en muchos sectores del país. Su discurso con tendencias a disminuir la radicalización les sirvió para acercarse al chavismo inconforme y a la oposición desgastada, estableciéndose como un movimiento esperanzador en un panorama que, desde hacía tiempo, estaba repleto de conflictos.

*Cavet y De Bastos, La Generación del 2007:*
*¿El primer Movimiento Estudiantil Venezolano del Siglo XXI?*
**en el Resurgimiento del Movimiento Estudiantil Venezolano**
**(2008)**

Debo decir que en esos días yo era un poco ignorante en los hechos que ocurrieron, siempre me pareció que las decisiones que tomaba Hugo Chávez, sin yo tener la conciencia precisa de las consecuencias en el futuro, me refiero a los hechos desde mayo hasta agosto. Ahora, estando en la Facultad de Ciencias de la UCV en septiembre, empecé a darme cuenta poco a poco de todo el trasfondo respecto al cierre de RCTV y de los hechos que transcurrían a finales de 2007 y del año 2008 sobre todo, lo único que puedo decir de mi perspectiva respecto a ese conjunto de sucesos es, ¡menos mal que no me equivoqué de percepción! Como dije, ese es mi juicio y no con ello quiero debatir contigo la visión de cada uno. Para eso dejaré los medios disponibles para contactarme al final del libro, allí con todo el gusto, cariño y aprecio del mundo podré intercambiar las ideas que desees.

De momento, te invito a continuar leyendo las próximas páginas de estos antecedentes al Movimiento Estudiantil Venezolano del 2007, retomando esa idea de hecho…

Imagen 17. Los jóvenes desbordaron la Plaza Brión de Chacaíto y se enfrentaron a agentes policiales y militares en El Rosal, luego del cierre de RCTV. 28 de mayo de 2007.

Esto es algo en lo que personalmente yo creo, no porque fuera casualidad que yo ingresara a la UCV en el mismo año del resurgimiento del Movimiento Estudiantil Venezolano, es que todo pasa por algo, algo energético, algo cósmico, algo que seguramente actúa como una atracción entre distintos sucesos y acciones, ¡así yo lo creo! Ese algo que todo se una en una línea, ¡o una banda ancha! Donde allí todos seguimos el mismo sendero, en este caso… ¡El de una nación ideal y próspera! Tanto así que presento el siguiente artículo como evidencia voraz de lo que expreso:

> …el naciente movimiento estudiantil se niega a jugar con la oposición clásica. Dispuestos a recibir en sus asambleas a representantes del oficialismo, han enarbolado la más revolucionaria de las ideas, (en ocho años de "confrontación"), la de la reconciliación. Esta bandera lleva implícita una mina contra

las raíces del discurso oficial, desmiente el que nos queramos matar, desmiente la tesis de que sin el líder nos destrozaríamos entre nosotros, desmiente y desenmascara y ya con eso su mella erosionante, su profecía de lo posible, tiene un peso histórico.

*Mercedes Pulido, Movimientos Estudiantiles:*
*La profecía de lo posible en El País Político* **(2007)**

Como dije, no es por casualidad... También lo digo por el hecho de haber pertenecido a los voceros estudiantiles de la Organización Bolivariana de Estudiantes (OBE) desde su creación (año 2005) en el liceo público del pueblo de Higuerote, el "Rafael Arévalo González". De tal forma que también he estado en "la acera de enfrente" (hasta julio de 2007), y en verdad hay detalles que no deben satanizarse, al contrario, esos detalles precedentes de las buenas intenciones de reformar algo "malo" deben mejorar con la colaboración de todos los actores involucrados, en el marco del análisis, estricto juicio y cambiar lo que está en verdad mal, ¡muy mal!

Imagen 18. Ni la lluvia ni la represión policial detuvieron el ánimo de los estudiantes durante la primera semana de protestas. Primera semana de junio de 2007.

Un ejemplo de lo que mencioné anteriormente, es que el Movimiento Estudiantil Venezolano, en sus primeros días, siempre se caracterizó por llevar como misión luchar contra la opresión de forma no violenta y ser un movimiento de carácter pluralista, tanto así que muchos de los dirigentes estudiantiles universitarios buscaron de integrar tanto a opositores como a oficialistas. Debido a presiones y factores de todo tipo, la horizontalidad que caracterizaba al Movimiento Estudiantil Venezolano pronto dejó de serlo, para dar paso al protagonismo político sobre ciertos líderes estudiantiles, a mi juicio eso no debería de ocurrir, ¡aunque el oportunismo abre paso a quienes han aprovechado tal elemento!

Imagen 19. Jornada de protesta cívica liderada por los estudiantes y jóvenes junto a la sociedad civil, en algún lugar del área metropolitana de Caracas.

*"El fenómeno estudiantil es aún muy incipiente y su frescura radica en la falta de formalidad y experiencia, pero sin lugar a dudas representa la expresión de un liderazgo alternativo heterogéneo y pluriclasista."*

**Mercedes Pulido, Movimientos Estudiantiles:**
**La profecía de lo posible en El País Político (2007)**

Lo que expresé en las líneas anteriores es con respecto a todas las organizaciones estudiantiles que simpatizan con el actual gobierno, y también a aquellas que estén en contra del actual gobierno. Algo que ha sido miles de veces demostrado, es que los estudiantes siempre seremos el reflejo de lo que queremos para nuestro país, en especial cuando se trata del rumbo político que los gobiernos creen poder domesticar, en este momento siento que crees en lo que expreso, igual me gusta defender lo que manifiesto con argumentos o pruebas esenciales a la vista, de ser posible, como lo dice el siguiente artículo…

Los movimientos estudiantiles no tumban gobiernos, pero erosionan el discurso oficial y despiertan perspectivas proféticas. Desconciertan en su emergencia y anticipan los cambios que la sociedad vivirá. En la confrontación social y política que vive el país extrañaba el vacío de la acción estudiantil. En las movilizaciones de la sociedad civil de cualquier orientación se evidenciaba la ausencia de la protesta y abanderamiento universitario. Y ello se hacía más evidente cuando la acción juvenil ha sido eje mitológico del anuncio de malestares y del potencial profundo de las aspiraciones colectivas.

*Mercedes Pulido, Movimientos Estudiantiles:*
*La profecía de lo posible en El País Político* **(2007)**

*"La etapa más alta que puede alcanzarse en la cultura moral es aquella en que reconocemos que debemos controlar nuestros pensamientos."*

**Charles Darwin**

Por este motivo, y muchísimos más que yo pudiera detallar, es que he dedicado a llenar en corazón y alma todas las palabras que muchos venezolanos han expresado por todos los medios posibles, y que este humilde servidor ha decidido expandir todas las opiniones más objetivas posibles manteniendo las emociones sumergidas en este mundo, que le apasiona. Eso sí, siempre contribuyendo al bienestar y porvenir de los venezolanos en su país y en el mundo, tratando de erradicar o minimizar en lo posible los detalles que impiden en cada líder que existe en cada uno, para perseguir el sueño de todos… ¡Una nación ideal y próspera!

*"El gobierno a pesar de los recursos del poder no ha logrado penetrar las universidades y así lo evidencian los fracasos electorales."*

*Mercedes Pulido, Movimientos Estudiantiles:*
*La profecía de lo posible en El País Político* **(2007)**

Imagen 20. Jornada de protesta cívica liderada por los estudiantes y jóvenes en el estadio universitario de la UCV, en el marco de la actividad Ecos de Libertad del 22 de junio de 2007.

Para retroceder un poco en el tiempo, hay que tener en cuenta lo que mencioné, tanto en los años 90 como el período entre 1999 y 2006 el Movimiento Estudiantil Venezolano estuvo plenamente ausente, no por querer hacerlo, las razones ya están reveladas en el capítulo anterior y en el actual, sin embargo…

El 23 de febrero de 2006 tres hermanos fueron secuestrados junto a su chofer, cuando se dirigían a su colegio en el sector Vista Alegre en horas de la mañana. Se trataba de los menores de edad Bryan, Kevin y Jason Faddoul, y el señor Miguel Rivas. Su desaparición conmovió a la sociedad venezolana.

Durante varias semanas, el interés en conocer su paradero aumentaba, dándose diversas protestas en Caracas exigiendo su libertad. Sin embargo, el 4 de abril de ese año se anunció que los cuatro habían sido asesinados con disparos en la cabeza, y sus cuerpos abandonados en los Valles del Tuy. La conmoción en el país fue general. El crimen se difundió por todos los medios de comunicación, y diversos sectores mostraron su indignación. Esta vez, los estudiantes no fueron ajenos a la situación.

*Cavet y De Bastos, Antecedentes del Movimiento de 2007:*
**en el Resurgimiento del Movimiento Estudiantil Venezolano**
**(2008)**

Imagen 21. Manifestación estudiantil sale de la UCAB tras horas de estar retenidos. Junio de 2007.

Está claro que los problemas que aquejan a los venezolanos no son los políticos o pugnas entre los poderes públicos del Estado precisamente, son los problemas de carácter social, o ambiental debo yo expresar, pues son los que más golpean al ciudadano común y corriente, en el 80% del planeta (más o menos). En todo caso, con este evento se enciende una chispa luego de mucho tiempo en la comunidad universitaria, sobre todo la estudiantil, dirá usted que es destino, ¡es posible!, pero el hecho es que ese resurgimiento de forma vistosa sucedió en la UCAB, y en plena vanguardia, la persona indignada ante el hecho relatado en la cita anterior, fue una dirigente estudiantil…

Geraldine Álvarez, para ese momento presidenta del centro de estudiantes de Comunicación Social de la Universidad Católica Andrés Bello (UCAB), recibió una llamada en horas de la madrugada del cinco de abril. Le informaron que una estudiante tenía pensado protestar por el asesinato de los Faddoul en las puertas de la universidad.

- Me dijeron que Lorena Briedis, una compañera de Comunicación Social, iba a trancar la universidad porque estaba indignada por lo sucedido. Llegué a la UCAB a hablar con ella porque me sorprendía esta acción, -confiesa Álvarez-. Me explicó por qué lo hacía y me convenció, al punto de que me uní con ella a la protesta. (Entrevista personal realizada el 10/01/2008)

Rápidamente, en distintos puntos de la ciudad se realizaron manifestaciones en repudio al asesinato de estos jóvenes. Las universidades fueron los principales focos de rechazo a lo conocido la noche anterior. La actitud de Briedis fue una demostración de lo que muchos universitarios sentían en esas horas, y reacciones como la suya se repitieron en distintos centros de estudio del país.

- ¿Por qué reaccionas ante este incidente?

- Cuando me enteré de la muerte de los Faddoul -explica Briedis- quedé muy perturbada. No quería que los jóvenes nos quedáramos apáticos como lo habíamos hecho en otras ocasiones, así que empecé a llamar a varios compañeros y les dije que teníamos que trancar la puerta de la UCAB (Entrevista personal realizada el 10/01/2008).

La medida causó mucho impacto entre los miembros de su universidad, ya que era algo muy atípico en esta casa de estudios. Briedis logró iniciar la protesta con un grupo de compañeros, quienes colocaron sus carros en la entrada principal de la institución.

*Cavet y De Bastos, Antecedentes del Movimiento de 2007:*
**en el Resurgimiento del Movimiento Estudiantil Venezolano**
**(2008)**

**Este tipo de experiencias no pensaba volver a vivirlas en la universidad, ya que en la escuela y en el liceo donde me formé, en el pueblo llamado Higuerote, supe la importancia que implicaba el hecho de ser un líder estudiantil, aunque se me hacía natural asumir las responsabilidades. Aun así, por invitación de Euro Noriega, a primera mitad del año 2010, me integré una vez más a vivir esas experiencias, explotando al máximo toda la capacidad y**

**el talento natural que llevo en cuerpo y alma para tocar el espíritu de todos mis amigos que ejercen la profesión de Educadores y de seguir ayudando a mis compañeros que persisten en alcanzar los éxitos que desean. ¡Para eso quiero transformar almas!**

Imagen 22. Fotografía de reportaje, cubriendo una de las protestas más multitudinarias de Caracas por el asesinato de los hermanos Faddoul y el Sr. Rivas, en la Autopista Francisco Fajardo. 2006.

No con esta acción relatada estoy diciendo que fue la primera o la última que se realizó por parte de las universidades de Caracas, lo que digo es que esta es una de las tantas reacciones que se exhibieron por parte de la comunidad y la dirigencia estudiantil de Caracas, tanto así que…

Ella confiesa que apenas conocía a alguno de los representantes estudiantiles de la época, y nunca se comunicó con ellos porque no sabía cómo podían reaccionar: "El momento como tal de la tranca fue abominable. Esto surgió de una iniciativa genuina de un grupo de estudiantes de 4° semestre, un grupo que no tenía ningún interés político. Era un tema humano y por eso nunca busqué protagonismo, pero de un momento a otro llegaron los medios de comunicación, y empezaron a surgir una serie de rostros, que ante las cámaras se adjudicaron las protestas".

***Cavet y De Bastos, Antecedentes del Movimiento de 2007:***
**en el Resurgimiento del Movimiento Estudiantil Venezolano**
**(2008)**

Imagen 23. Fotografía de la actividad denominada "Acostados por la vida" por el asesinato de los hermanos Faddoul y el Sr. Rivas, en la Av. Francisco de Miranda a la altura de la Plaza Francia, Altamira, 22 de abril de 2006.

Así es, con esa forma de relatar la experiencia, Geraldine Álvarez nunca pensó tomar las riendas de carácter político estudiantil en el marco de un contexto social, en estos momentos no sé nada de esa valiente mujer, ¡solo deseo que se encuentre bien donde esté y haga lo que esté haciendo por una mejor Venezuela! Para mayor desenlace, expongo las siguientes imágenes que, en mi juicio, se resume un poco todo lo que realizaron los jóvenes de todas las universidades del país y sus dirigentes… Todo en el marco de las protestas desde el asesinato de los hermanos Faddoul hasta los diferentes escenarios conocidos por los venezolanos. Desde tal confesión por parte de Geraldine Álvarez, Cavet y De Bastos en su investigación, mencionan lo siguiente:

Las ideas, creativas en su mayoría, comenzaron a surgir: "En uno de los días iniciales de protesta -recuerda Geraldine Álvarez (UCAB)- yo comienzo a gritar: `estamos de duelo, estamos en el suelo`. Fue un modo de lanzar una consigna para que la gente se sentara, y cuando eso ocurrió nos dimos cuenta que podíamos hacer una representación de la cantidad de personas que habían sido asesinadas en los últimos años". De ahí surgió "Acuéstate por la vida"20, un evento promovido por los universitarios, con la ayuda de la Alcaldía de Chacao, en el cual se invitaba a los jóvenes y a la población en general, a asistir el 22 de abril a la avenida Francisco de Miranda, para acostarse en el piso durante un minuto, simbolizando ser una de las setenta mil personas asesinadas en la década.

No se manejan datos precisos del número de asistentes, pero las marcas en la avenida ocuparon todos los canales en las dos direcciones de la avenida Francisco de Miranda, desde Parque Cristal hasta la Plaza El Indio de Chacao, calculándose que cuarenta mil personas atendieron al llamado.

Si bien no se organizaron protestas importantes luego de estos días de abril de 2006, "Acuéstate por la vida" fue la manifestación estudiantil más importante en varios años. Para Douglas Barrios, vocero del movimiento estudiantil de la Universidad Metropolitana (Unimet), lo que ocurrió en aquellos días cambió el sentimiento de muchos estudiantes, quienes a pesar de estar interesados en participar en algún tipo de acción política, nunca antes habían encontrado un espacio de intercambio y relación.

- Muchos jóvenes teníamos un sentimiento de soledad, de no vernos representados en ningún liderazgo político. De la protesta por la muerte de los Faddoul queda esa conexión, ese espacio de encuentro donde nos conocemos y se empiezan a crear diferentes organizaciones juveniles (Entrevista personal realizada el 12/07/2008)

***Cavet y De Bastos, Antecedentes del Movimiento de 2007: en el Resurgimiento del Movimiento Estudiantil Venezolano (2008)***

Con este suceso, y el cierre de RCTV, inició una sucesión progresiva de protestas que cada vez iba a en aumento y se hacían más fuertes con el paso del tiempo, debido a las consecuencias de los planes y las estrategias que el gobierno de turno ha implementado. Eso ha causado toda una controversia en los derechos humanos y que ha impactado en casi todos los estratos sociales del país, urbanizaciones, sectores populares alrededor del casco central caraqueño, ciudades y caseríos del territorio nacional de hecho…

> *"Es evidente que el poder en manos equivocadas es capaz de hacer daño, por eso debemos buscar el poder para transformar a la sociedad en beneficio de todos."*
>
> **Elvis Linares**

Imagen 24. Fotografía de un periódico reconocido a nivel nacional, reseñando la cobertura del suceso que se hizo una conmoción nacional, el asesinato de los hermanos Faddoul y el Sr. Rivas. Abril de 2006.

## Aparición del Movimiento Estudiantil Venezolano del 2007

A pesar de los esfuerzos de los partidos políticos, tanto a favor como en contra del gobierno de turno, e inclusive partidos políticos independientes, los estudiantes universitarios siempre llevan el bastión de la opinión pública por el ímpetu de la irreverencia y su voz contestataria ante las medidas políticas emanadas por todos los poderes públicos del Estado, organizaciones afiliadas al gobierno de turno, muchas veces en contra de las autoridades rectorales de cada casa de estudios universitaria, en fin… Es algo tan inédito, para nuestra última década por estimar un tiempo determinado, que durante la segunda mitad del año 2007 fue el período más importante para el Movimiento Estudiantil, pues realizó un conjunto de acciones en favor de la campaña electoral para que los venezolanos votaran en contra de la Reforma Constitucional que Hugo Chávez propuso al país, evento electoral considero yo como única y definitiva derrota de dicho mandatario en este siglo… Veamos por qué ocurrió eso…

Imagen 25. Las manos blancas fueron pronto el símbolo más habitual entre los estudiantes. Año 2007.

Hay que recordar que hubo muchos estudiantes detenidos por las manifestaciones ocurridas luego del asesinato de los hermanos Faddoul y del Sr. Rivas, ¡y más por el cierre de RCTV! Es de tal magnitud que fueron 200 estudiantes los detenidos, nada más por el evento ocurrido el 28 de mayo de 2007, allí el Movimiento Estudiantil decidió actuar una vez más, por sus reivindicaciones propias y las de la sociedad venezolana, sobre todo bajo la siguiente consigna: *"¿Quiénes somos? ¡Estudiantes! ¿Qué queremos? ¡Libertad!"* Ciertamente era muy difícil admitir para los líderes estudiantiles, en su mayoría, que sus acciones eran políticas, en un principio no supieron cómo marcar las pautas entre lo político y lo partidista, por lo que todos los dirigentes estudiantiles y sus compañeros tuvieron que evolucionar sus pensamientos y su discurso dentro de lo político, mas no partidista…

Como lo dijo Daniela Sosa, dirigente estudiantil de la UCAB en esos días, en referencia al valor o sentimiento que más unía a los estudiantes universitarios:

Uno de nuestros principales valores fue la pluralidad, y por eso mismo no todos tenemos los mismos objetivos. En lo que sí se coincide es en la intención de paz, de reconciliación nacional, de libertad, pero el movimiento estudiantil es muy inabordable. (Entrevista personal realizada el 14/02/2008).

***Cavet y De Bastos, ¿Quiénes somos? ¡Estudiantes! ¿Qué queremos? ¡Libertad!***
**en el Resurgimiento del Movimiento Estudiantil Venezolano**
**(2008)**

Como lo expresé, ¡con un sustento de hecho!, es a partir de este año que surgen las famosas consignas, una de ellas la dije, las otras son *"Viva la uuu, viva la uuu, viva la universidad. Fuera la bo, fuera la bo, fuera la bota militar."* y *"La gente se pregunta, ¿qué es lo que se ve? ¡Son los estudiantes en la calle otra vez!"* (Aunque en principio se usó "La gente se pregunta, ¿qué es lo que se ve? ¡Son los estudiantes de la UCV!", ya que esos estudiantes fueron los creadores de ambas consignas). Esos elementos se mantienen en uso para todo tipo de protesta donde exista presencia de estudiantes, debido a que tiene un amplio significado, lo cual quedó demostrado tanto en las protestas de esos famosos 6 meses en la calle del Movimiento Estudiantil como en la Reforma Constitucional planteada por Chávez, todo valiéndose de la decisión de cerrar RCTV. La rebeldía es algo tan propio de un joven como lo siguiente:

El cierre de la campaña por el No en la Reforma Constitucional, que al mismo tiempo fue la última manifestación numerosa en donde participaron los estudiantes en 2007, llegó a uno de los puntos más simbólicos del chavismo, y más intocables por la oposición: la avenida Bolívar de Caracas. Tradicionalmente, todas las campañas presidenciales se cerraban ahí en los días previos a las elecciones, con la intención de mostrar la fuerza de los candidatos al intentar llenarla, pero desde la llegada de Chávez al poder, el lugar quedó vetado para opositores, quienes en ocho años nunca se le habían acercado. Los jóvenes en cambio, asumieron el riesgo y lograron llenar la avenida Bolívar, pocas horas antes de darle a Hugo Chávez su primera derrota electoral. La manifestación de símbolos se convirtió en algo pensado por los estudiantes, quienes en cada protesta querían dejar alguna marca de sus pensamientos. Así ocurrió también en su alocución dentro de la Asamblea Nacional, a comienzos de junio de 2007:

- ¿Qué pensaron hacer en el Parlamento?

- Además de la redacción del discurso, discutimos mucho para decidir qué más se iba a hacer, porque partíamos de que teníamos que hacer alguna acción irreverente. Unos sugirieron llevar jabones para echarlos en la fuente de la Asamblea Nacional. Otros decían que lleváramos una camisa con la bandera de Venezuela – recuerda Douglas Barrios, dirigente de la Unimet.

Los jóvenes del movimiento estudiantil llegaron a la sede del Poder Legislativo vestidos con camisas rojas, confundiéndose con el amplio número de oficialistas que los esperaban, a quienes dejaron desconcertados. Cuando Barrios finalizó de leer el discurso, los diez representantes universitarios se quitaron las camisas y las arrojaron al piso de manera desafiante: "esa imagen fue la que más quedó en el recuerdo, fue un símbolo que tuvo mucho peso", recuerda el vocero principal de aquella jornada.

*Cavet y De Bastos, Al centro y con las manos arriba*
**en el Resurgimiento del Movimiento Estudiantil Venezolano**
**(2008)**

Imagen 26. En la marcha al CNE muchos estudiantes vistieron coloridas franelas con el lema No, pana, No. Fotografía de El Universal, 01 de noviembre de 2007.

¡Firmes, rebeles y con argumentos! Es una frase que identifica el espíritu del joven venezolano, que es totalmente digno de pertenecer a cualquiera de las universidades del país, al menos así yo lo pienso como hombre que ha crecido en este maravilloso trozo del planeta. Algo tan cierto que ha dejado una huella en todos los venezolanos, ¡sin importar el problema de la memoria corta que todos pudiéramos tener!, debido a todos los hechos que han ocurrido en individual o colectivo, y que yo me he tomado la molestia en plasmar parte de ese universo de tales gestas en esta obra. Esto dejando en claro la gran importancia que se le debe dar a los líderes estudiantiles universitarios, incluso de las instituciones de secundaria o bachillerato como se le conoce de toda la vida, es una lección que aprendieron todos los dirigentes políticos de épocas anteriores al año 2000. Y lo expreso con claridad por lo siguiente:

A mediados del mes de noviembre de 2007, el movimiento estudiantil venezolano era más que noticia. Se había convertido en un factor de credibilidad y esperanza para sectores de la oposición, de los partidos políticos y hasta resultaban simpáticos a ciertas personas identificadas con el oficialismo. Referencias realizadas por Margarita López Maya, historiadora e investigadora de la protesta popular en Venezuela, afirman que los estudiantes en el país han mantenido un patrón de comportamiento relacionado a sus momentos de aparición, ya que su irrupción en la escena pública se produce en la mayoría de los casos cuando no existe representación ni liderazgo político.

Ante esta realidad, estudios estadísticos de la encuestadora Datos revelaron que los actores sociales con mayor credibilidad a finales del año 2007 eran los estudiantes con 47%, de acuerdo a los resultados obtenidos de 2000 encuestas realizadas en 35 ciudades del país. Finalizando el mes de noviembre, la dirigencia estudiantil decidió abiertamente convocar al voto del no, pero exigiendo un poco más de todos los sectores de la sociedad.

- No es responsabilidad única del estudiantado. Nuestro llamado en primer lugar, al ciudano no organizado a buscar y crear cualquier mecanismo en su comunidad que le garantice la defensa del voto; a deponer actitudes y a trabajar de manera mancomunada para la lucha que hoy asumimos (...). No puede ser que vivamos en un país donde sólo estemos esperando acciones de los estudiantes. Donde toda lucha se queda en unos pocos – expresó Stalin González, presidente de la FCU-UCV, al momento de convocar al voto por el no (El Universal, pág. 1-2, 22/11/07).

Ya en ese entonces, el movimiento estudiantil había ampliado sus alianzas para trabajar con los partidos políticos, principalmente Un Nuevo Tiempo, buscando tejer la red de testigos más grande que fuera posible.

***Cavet y De Bastos, Al centro y con las manos arriba***
**en el Resurgimiento del Movimiento Estudiantil Venezolano**
**(2008)**

No es casualidad que los dirigentes estudiantiles se organizaran como lo hicieron, sobre todo en Caracas, una ciudad totalmente llena de dificultades, ¡y más por los momentos de historia que tú y yo! Sin embargo, ellos han contado con compañeros y seres queridos que pudieron dar el aliento que cada líder estudiantil necesitaba, ¡y no es lo único! Todos ellos tuvieron que contar con un sinfín de herramientas esenciales, y más importante… ¡Ellos han contado, y contarán con el *Liderazgo en el Movimiento Estudiantil*! Volvemos a nuestra lectura…

Imagen 27. Marcha por el No en la Avenida Bolívar de Caracas como cierre de campaña, 29 de noviembre de 2007.

De tal manera, a pocos días para el acto de votación de la Reforma Constitucional planteada por Hugo Chávez, sucedió lo que pasó, para un pequeño recuento, dejo las palabras fieles de la Rectora y Presidenta del Consejo Nacional Electoral, Tibisay Lucena:

> Pasada la medianoche, la presidenta del Consejo Nacional Electoral Tibisay Lucena, inició un discurso que decantaría en el anuncio de los resultados:

- Hay que respetar y acatar los resultados de la voluntad soberana del pueblo de Venezuela, que se está expresando pacíficamente (…) Al analizar las transmisiones realizadas hasta el momento, se determinó y se comprobó que es una tendencia no reversible. Es decir, que la votación se mantendrá con las actas aún faltantes.

Con 8.833.746 votos escrutados, se determinó que el Bloque A obtuvo 50,70% a favor del NO y el SI obtuvo 49,29% de los votos. Los gritos de triunfo estremecieron varias zonas de Caracas y del interior del país. En la quinta del Comando del No, también se escuchó la emoción, pero Stalin González (UCV), no celebraba porque quería estar completamente seguro de que realmente habían ganado. Lucena continuó diciendo que el Bloque B de la Reforma había obtenido el 51,05% para la opción del No y para el SI un 48,94%.

Los gritos en el comando del no eran contundentes: "Eeeeestudiantes", era lo que se oía de la boca de jóvenes y políticos, rindiendo así honor a quienes habían sido parte clave en la motivación de la población para votar por el no.

*Cavet y De Bastos, Al centro y con las manos arriba*
**en el Resurgimiento del Movimiento Estudiantil Venezolano**
**(2008)**

# Fuerza pública impidió a la marcha llegar a la plaza Caracas

Al nutrido grupo de universitarios de las distintas casas de estudio, que partió desde la plaza Brión de Chacaíto se le permitió llegar sólo hasta las inmediaciones de parque Carabobo, en la avenida Universidad. Un contingente de efectivos de la PM y de la GN cerraron el paso en medio de una pequeña escaramuza. Los dirigentes Stalin González y Yon Goicoechea denunciaron violación de sus derechos civiles. Ambos fueron golpeados. 1-2

Imagen 28. Fotografía de un periódico reconocido a nivel nacional, reseñando la marcha del Movimiento Estudiantil Universitario exigiendo el respeto a los derechos humanos, libertad de expresión y de otros elementos sociales en el país. 15 de julio de 2007.

Con estos eventos más contemporáneos, se demuestran muchas cosas, la única que debo decir de todas las que podamos imaginar es que si nos organizamos como debe ser y se hacen las cosas bien hechas, ¡todo saldrá como lo deseamos!, o al menos muy cerca de ello. En todo caso, reitero el hecho de que el Movimiento Estudiantil Venezolano siempre es dinámico porque evoluciona en todos los sentidos. En las siguientes páginas expondré un poco, tal vez usted lo vea por encima, de cómo pudiera estar conformado el Movimiento Estudiantil Venezolano para el momento en que esta obra está en tus manos.

### Actuación del Movimiento Estudiantil Venezolano en el año 2011

Continuando con estos pasajes venezolanos de la modernidad estudiantil, mucho después del cierre de RCTV, algunos dirigentes estudiantiles deciden postularse a cargos poder público, como concejales y diputados en las elecciones regionales del 2008, más adelante lo harían en el 2010 en cuanto a las elecciones parlamentarias a la Asamblea Nacional, esos dirigentes estudiantiles hoy en día son dirigentes políticos; como Stalin González, Yon Goicochea, Freddy Guevara, Miguel Pizarro (por la actual oposición) y Ricardo Sánchez (por el actual oficialismo), por mencionar algunos. Entre tanto, el Movimiento Estudiantil Venezolano tiene como fortaleza, renovarse de forma dinámica en el tiempo, ¡pues no existen estudiantes eternos! ¿Quiere usted una prueba de ello? Vea las imágenes anteriores y luego vea esta en particular…

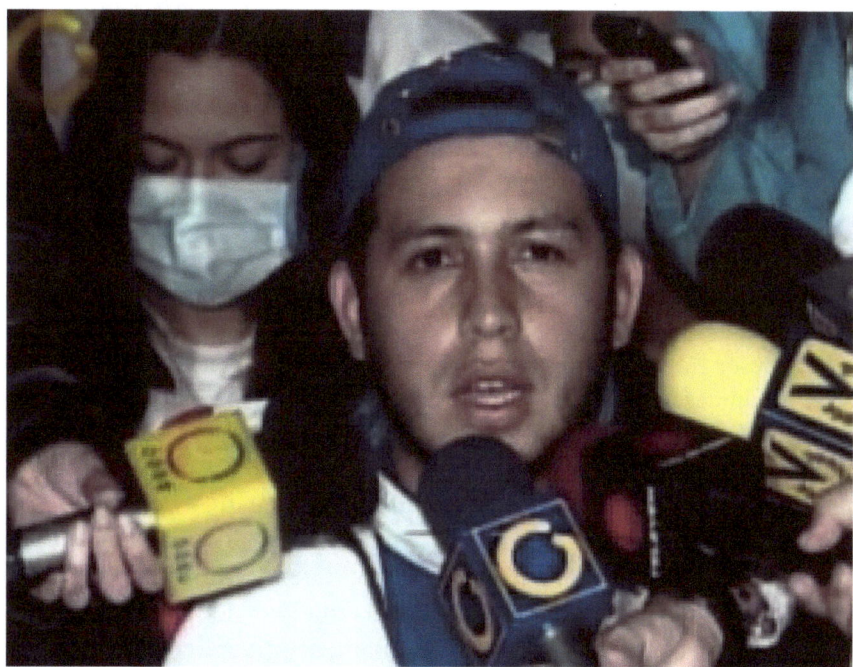

Imagen 29. Fotografía de Grey Hernández, Representante Estudiantil ante el Consejo Universitario de la Universidad Pedagógica Experimental Libertador (UPEL), declarando a los medios de comunicación en la huelga de hambre en el Programa de las Naciones Unidas para el Desarrollo (PNUD). Marzo de 2011.

¡Así es! En esta ocasión tenemos al dirigente estudiantil de la UPEL dando una rueda de prensa en el marco de las huelgas de hambre, ocurridas entre marzo y abril del 2011, tanto en Caracas como en distintas partes del país, sobre todo en varias de las universidades conocidas ( Universidad de Los Andes, Universidad del Zulia y Universidad de Oriente sobre todo). A diferencia de la brecha anterior donde el auge del Movimiento Estudiantil Venezolano se había "apagado", este relevo de dirigentes estudiantiles una vez más ejerce con brío las protestas en un carácter más extremo hacia el gobierno de turno por los problemas del presupuesto reducido que el mismo asignaba a las universidades (¡y que aún persiste hoy en día!), con énfasis en la pírrica asignación de los recursos para el pago de los beneficios estudiantiles, tales como becas, comedor, transporte, servicios médicos, entre otros. ¡De esta forma se había iniciado otro capítulo del Movimiento Estudiantil Venezolano!

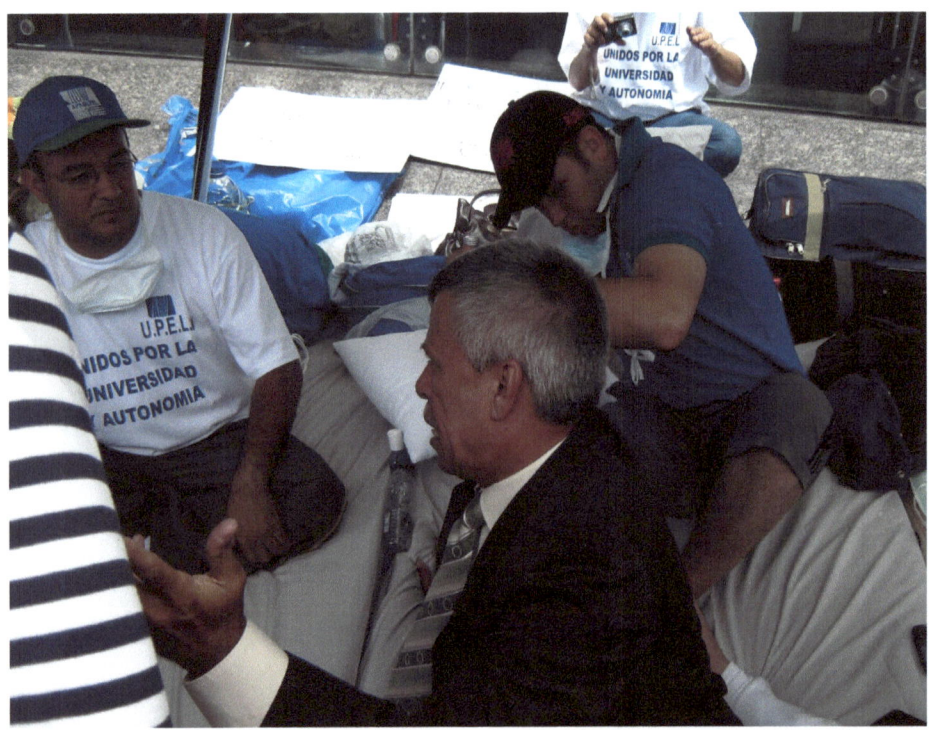

Imagen 30. Fotografía del Rector de la UPEL, Dr. Raúl López Sayago hablando con Grey Hernández y el Profesor Robert Rodríguez en la huelga de hambre en el Programa de las Naciones Unidas para el Desarrollo (PNUD). Finales de marzo 2011

Es el capítulo de las huelgas de hambre, además de Grey Hernández, estaban participando allí dirigentes estudiantiles importantes como Vilca Fernández, Luis Magallanes, Gaby Arellano (como coordinadora), Diego Scharifker, entre varios más, incluso profesores universitarios. Reiterando que las huelgas de hambre tenían como primer objetivo, reivindicar los beneficios de los estudiantes universitarios, que estaban siendo desplazados por otros factores sociales, marcados por las decisiones del gobierno nacional de turno. A pesar de que dicho episodio duró poco tiempo, tuvo los logros esperados, ¡luego de varios estudiantes tuvieron que coserse los labios! Entre ellos una estudiante de la UCV lo hizo después de que Grey Hernández lo hiciera…

Sin embargo, el asunto no termina allí, así como en el 2007, los dirigentes estudiantiles junto a sus compañeros siempre buscan de resolver los problemas internos de cada universidad venezolana, ¡no importa cuán pequeños sean dichos problemas! Todo dirigente o representante estudiantil debe tener como principio, el ayudar al estudiante, más que representarlo. Esa es mi consideración, y lo digo en el marco de mis experiencias como Representante Estudiantil ante el Consejo Directivo del Instituto Pedagógico de Miranda (período 2015 – 2017). Es algo muy arraigado a mi persona en el marco de los principios y valores consagrados en la Constitución de Venezuela del año 1999, las Leyes de la República, el Reglamento General de la UPEL del año 2000 y otros marcos legales de menor nivel. Para muestra de ello…

Imagen 31. Elvis Linares, siendo Representante Estudiantil, mantiene la ayuda a sus compañeros en un proceso de inscripción de semestre ordinario. En la Sala Alma Mater de La Urbina, el 25 de septiembre de 2015.

**Un consejo que quiero compartir para ti, tus hijos, tus amigos y seres cercanos, es hacer todas las acciones que se propongan con amor, cariño, ímpetu y esmero por si desean ser personas destacadas en lo que les gusta hacer. Para todo lo demás, existen:** *La Comunicación de los Líderes y sus 12 secretos, La Oratoria de los Líderes y sus 4 niveles, El Discurso del Comandante y sus 6 elementos,* **y también la** *Cultura del Liderazgo y las 4 categorías.* **Por cierto, no te olvides de** *Los Comegente,* **pues ellos te enseñarán que los valores no se han perdido, ¡debemos reorientarlos para multiplicarlos por igual a todos!**

## Capítulo VI
## Todo es interesante, pero… ¿Dónde dejas la Oratoria?

Decidí hacer una pausa en los relatos que comparto contigo para hacerte las siguientes preguntas:

- ¿Te da curiosidad saber qué es lo que hace líder a un líder?
- ¿Crees que todo líder debe tener valores y principios adecuados a su persona?
- ¿Piensas que puedes alcanzar las metas que añoras para tu vida?

Si a todas las preguntas has respondido que sí, ¡entonces tienes el libro correcto en tus manos! No lo digo en atención a lo que has leído hasta ahora, en realidad te voy a contar el porqué de esas tres preguntas, desde mi punto de vista… La oratoria es un arma vigorosa, así como la palabra tiene poder, tanto que combinado con los valores y principios, las virtudes, fortalezas y emociones adecuadas de cada ser humano, son elementos que permiten al hombre y a la mujer obtener lo que desean y alcanzar los objetivos propuestos.

Lo que te digo es mi verdad, ¡una realidad de hecho! Una realidad tan necesaria como la supervivencia del más apto, algo que planteó Darwin en su teoría de la evolución humana. Una evolución tan firme que no parece tener límites, pues el no tener límites reconoce a cada uno de nosotros ser libres. Tan libres que esa sensación no nos permite estar mal o tristes, a menos que el estar mal o triste sea una señal de reflexionar. Reflexionar con tal percepción de todos los momentos, que nos hace levantar. Levantar el espíritu de las personas que pasan por esas situaciones, situaciones que alimentar nuestro malestar o bienestar hasta poder en paz descansar.

Imagen 32. El profesor Ángel Gámez, en el foro denominado Líderes en Acción entregando un ejemplar de La Comunicación de los Líderes. Realizado en el Auditorio Francisco de Miranda del Instituto Pedagógico de Miranda, 2014.

Espero que te haya gustado mi forma de improvisar, en las líneas que acabas en lectura decidiste entonar, porque es momento de seguir explicándote por qué la oratoria es un arma vigorosa… La oratoria ayuda a todo hombre y toda mujer a tener éxito, a que su comunicación con sus pares sea más eficaz, más eficiente y más efectiva en toda situación cotidiana y no tan cotidiana. De eso se trata en resumen *La Comunicación de los Líderes y sus 12 secretos*, de Ángel Gámez (foto de él referida en la página anterior). De seguro dirás, ¿quién es él? Bueno, es posible que sepas del libro *La Oratoria y sus 4 niveles*, ¿o no? El segundo libro que mencioné, de su serie Líderes, es el más famoso de su autoría, tanto así que él mismo lo aplicó en una faceta muy polémica, en su tercer libro *El Discurso del Comandante y sus 6 elementos*, ¡así es!

¡Fíjese!, aquí presento un mensaje interesante de *La Comunicación de Los Líderes y sus 12 secretos*:

> "El cantante es más importante que la canción". Si usted escucha una canción de su cantante favorito, seguramente se siente a gusto por la forma en que sus oídos perciben esa melodía, pero si la misma canción es cantada por otra persona, probablemente no tenga el mismo efecto en usted, a pesar de ser la misma canción. Pues, así funciona la comunicación. Si usted no sabe comunicar la información que posee, de tal manera que genere un impacto y que las personas puedan valorarla, entonces usted no tiene poder.

*Ángel Gámez, ¿Es importante la Comunicación?*
***En La Comunicación de Los Líderes (2012)***
**@agamezliderazgo**

Tan cierto es eso que lo mismo ocurre con todo líder, estudiantil, político, religioso, deportista, ambientalista, ¡y muchos más! Aclaro que es preciso manejar ese mensaje para bienestar de los seguidores, de lo contrario, ¡no hay liderazgo! Tan realista es el liderazgo, que el cuarto libro de *Ángel Gámez*, llamado *Cultura de Liderazgo* se hizo con base a investigaciones que él realizó luego de haber dictado talleres y cursos a distintas compañías, entidades bancarias y organizaciones de diferentes tipos a nivel nacional. Aquí dejo un regalo que él compartió conmigo, y yo quiero compartirlo contigo…

> He visto con tristeza como hay personas que desean parecer sabias y cuando explican algo; hablan al público o les toca dar un discurso, utilizan un tecnicismo exagerado, que lo que hace es enredar a quien le escucha. La sabiduría verdadera está en hacerse entender y explicarse con facilidad.

***Ángel Gámez, La Oratoria de los Líderes (2012)***
**@agamezliderazgo**

De hecho, el liderazgo va de la mano con el coaching, aunque puedes aprender ambas cosas por separado, es bueno saber que existen cursos que te permiten converger ambos temas en un mismo espacio, ¿no me crees? Te invito a que realices el curso *Lidera Tu Coaching* con *Funda Líderes* a través del *Instituto Universal de Liderazgo*, y espera, ¡hay mucho más!

Imagen 33. Funda Líderes tiene mucha participación a nivel social, Elvis Linares entrega a Leidy Ledo (actual egresada) un ejemplar de *La Oratoria de Los Líderes* durante el Premio Talentum Estudiantil UPEL. Realizado en el Auditorio Francisco de Miranda del Instituto Pedagógico de Miranda, Diciembre de 2014.

Lo más esencial, fuera de la oratoria, se trata de que definas muy bien tus principios y valores, no me extenderé en este tema, pues se dice que los valores "se han perdido hoy en día", es algo que personalmente difiero, ¡y no lo divulgo por divulgar! Porque conozco a todo un experto en valores, ¡así es! Tan experto es que se atrevió, como todo profesor, a realizar un conjunto de experiencias con sus estudiantes para hallar una forma práctica y amena de reforzar o fortalecer los valores de esos estudiantes que hoy son profesionales. Ese experto se llama *Argenis Villarroel* y todas sus experiencias se transforman en *Los Comegente*, un libro que es producto de todo lo que mencioné, ¿no me cree? Puede adquirirlo en cualquier librería del país, y si no lo consigue, no olvide contactarme y se lo mostraré con gusto. ¡Por cierto!, aquí tengo un regalo de él para mí y para ti…

A través de los sueños cada uno ejercita esa parte de libertad que necesitamos, la libertad es también imaginar. La imaginación es la nube sobre la cual volamos y construimos verdaderas atalayas de justicia social, descubrimos las sombras que pueden esconderse tras las cortinas azules de un cielo bañado de sol. Pero el sol se va en la medida que pasa el tiempo y solo nos queda el recuerdo de su noble color, nos queda la calma, el tiempo donde trazó su majestad. Ese añil infinito de arco celestial. Nos queda la nostalgia del horizonte de los que nos falta y lo que hemos dejado. Entonces, ¿por qué dejar de soñar? ¿Por qué no soñar que Los Comegente seguirán sembrando valores en hogares, en vidas, en horizontes? Solo cuento con tu ayuda, yo no seré eterno.

*Argenis Villarroel, Los Comegente* **(2016)**
**@argeniselcuru2**

Lo que quiere decir el profesor *Argenis Villarroel* es que los sueños generan todas las sensaciones que él mencionó, que se desbordan en emociones, tanto así que te digo con este regalo, ¡que la oratoria está en todo, como las emociones y la energía misma!

La energía es tan poderosa, que antes de comunicarnos físicamente, nos comunicamos energéticamente primero, es decir de alma a alma. La expansión de nuestras ondas energéticas es la que nos permite que todo lo que tenemos a nuestro alrededor ocurra, sea de forma positiva o negativa. Y es a través de diversas herramientas como la meditación, la energía fluye y ahí podemos comunicarnos con otras almas u energías con la cual deseamos estar. Solo conociendo nuestro ser logramos lo que deseamos.

*Ana Colmenares*
*@anadegamez17*

*"Nunca consideres el estudio como una obligación, sino como una oportunidad para penetrar en el bello y maravilloso mundo del saber."*
**Albert Einstein**

## Capítulo VII
## ¿Qué es y será del Movimiento Estudiantil en el tiempo? (2013 – ∞)
## Vanguardia del Movimiento Estudiantil en el presente

Volviendo a lo que nos interesa, lo último que dije en el Capítulo V es verdad, todos mis compañeros, hoy en día profesores, y yo nos dedicamos a trabajar duro por los problemas que tuviera el gremio que representamos desde el Instituto Pedagógico de Miranda y en la UPEL hacia el país, mientras que me tocó trabajar con un gran amigo y excelente dirigente estudiantil, un muchacho que creció en La Candelaria, Caracas, llamado Conan Quintana, ¡qué en paz descanse! A la vez que he dedicado buena parte de mi tiempo para colaborar en la formación de una generación que me relevará en las tareas que mantengo en acción hoy en día. Entre la segunda mitad del 2011 y durante todo el 2012 todos hacíamos eso, hasta que la crisis universitaria nos ha impactado, después de la muerte de Hugo Chávez… ¡Tanto así que tuvimos que dejar las aulas para luchar una vez más por los mismos motivos que el año 2011!, solo que en peores condiciones y circunstancias más extremas…

Imagen 34. Jóvenes de diferentes universidades del país encadenados para exigir respuestas al gobierno acerca de la salud de Hugo Chávez, en el marco de la Operación Soberanía, en la Av. Élice con la Av. Francisco de Miranda. Febrero de 2013.

Cuando dije que la crisis universitaria nos golpeaba, luego de la muerte de Hugo Chávez, ¡jamás fue mentira de mi parte!, hoy en día la conexión a internet nos permite investigar con más amplitud acerca de todos los hechos que han conmocionado a los venezolanos, de cualquier manera. El real inicio de la crisis universitaria del año 2013 lo lideraron las bases docentes de la Universidad Pedagógica Experimental Libertador (UPEL) a través de la Asociación de Profesores de la UPEL (APROUPEL), ese inicio fue en los Institutos Pedagógicos de Caracas y Miranda, a los primeros días de abril de ese año, luego de que Maduro fuera electo Presidente de la República. Allí la gran mayoría de los profesores agremiados a tal asociación en el Pedagógico de Miranda, y todos los profesores de dicha asociación en el Pedagógico de Caracas decidieron paralizar las actividades académicas a nivel de pregrado, ¡creando así el mayor descontento estudiantil en la historia de la UPEL!

Imagen 35. Dirigentes estudiantiles de los Institutos Pedagógicos de Caracas, Maturín y Miranda en derecho de palabra frente a la Asamblea de Profesores de APROUPEL. Auditorio Francisco de Miranda, 10 de mayo de 2013.

A esos Institutos Pedagógicos se sumaron los profesores de los Institutos Pedagógicos de Barquisimeto, de Maturín, de Maracay; y los Rurales "El Mácaro" y

"Gervasio Rubio", internamente la lucha se veía que era entre estudiantes y profesores, al menos en el contexto presencial o activo, pues todos los profesores que manifestaron su postura de apegarse a las paralizaciones, argumentaron sus motivos ante toda la comunidad estudiantil de forma previa durante los primeros días de abril, a pesar de esos esfuerzos que se replicaron en los 7 Institutos Pedagógicos de la UPEL, permanecía el descontento en muchísimos estudiantes y en la dirigencia estudiantil Upelista en general. En esos días hubo la mayor movilización de la dirigencia estudiantil Upelista a nivel nacional, sea a favor o en contra, ¡fue la mayor en la historia! Todos los días manteníamos contacto e intercambio de información constante entre los distintos Institutos Pedagógicos para analizar el desarrollo de la situación, todo eso mientras hallábamos las formas "imposibles" de convencer al estudiantado en general que la lucha es en la universidad y no quedarse en su casa. Y digo imposible por el hecho de que ningún mecanismo posible de utilizar tenía efecto de captación, para lograr que la mayoría del estudiantado asistiera todos los días a su casa de estudios…

Imagen 36. La Dirigencia Estudiantil Nacional Upelista reunida para discutir los avances del conflicto universitario. Espacios de la Sede Rectoral de la UPEL, 30 de julio de 2013.

Honestamente, y como opinión particular, todos los estudiantes de las universidades piensan que lograr reunir a los dirigentes de todos los Institutos de la UPEL es sencillo, cosa que es falso; no es lo mismo la UPEL que la UCV, USB, UDO, ULA o cualquier otra autónoma o privada, excepto por la USM, pues se debe considerar el factor geográfico (distancia a caracas desde cualquier región del país) y de que cada Instituto a su vez tiene más extensiones, excepto el Instituto Pedagógico de Caracas. Esos elementos y muchos más, hace que toda acción siempre sea complicada de realizar en el caso de los Upelistas.

Hablando de las universidades públicas y privadas, los profesores de dichas universidades, excepto en la UPEL, en principio habían decidido utilizar otros mecanismos de presión al gobierno de turno para exigir que sus beneficios fueran reivindicados y que el presupuesto asignado para las universidades fuera justo, tanto así que los estudiantes de varias universidades, en el marco de sus beneficios, ¡vulnerados nuevamente!, y por el presupuesto justo decidieron realizar una vez más la huelga de hambre, con eso la FAPUV decide implementar la acción que APROUPEL había iniciado, un paro general. En esos días de junio de 2013, se intensifican más las protestas estudiantiles, sobre todo en Caracas, y que fueron apoyadas por algunos grupos de profesores y personal administrativo y obrero de las casas de estudios universitarias en cuestión.

Imagen 37. Las universidades públicas y privadas venezolanas, reformando el Movimiento Estudiantil, en la Universidad Católica Andrés Bello, el 08 de abril de 2013.

Desde la reunificación de la Dirigencia Estudiantil Nacional Upelista en el 2013, el único Instituto Pedagógico que ha sido ausente es el de Barquisimeto, por la falta de interés por parte de sus dirigentes, y por el contexto problemático que dicho Instituto atraviesa todavía; corrupción, intervencionismo, disputas, exceso de grupos estudiantiles que apoyan al gobierno, y más factores internos que no mencionaré en esta obra. Eso sí, el asunto aquí es hacer entender a cualquier persona interesada en este tema, que el trabajo mencionado de mi parte es sumamente duro, tanto que muchas personas, y grupos de cualquier tipo, buscan forma de usar a los estudiantes, y más su espíritu lleno de agallas, para poder posicionarse en el campo de los partidos políticos frente al liderazgo que cada estudiante destacado ha forjado en su universidad. ¡Las pruebas de ello están en el *Liderazgo en el Movimiento Estudiantil*!

Imagen 38. La comunidad Upelista acompañando a las universidades públicas y privadas del país en la marcha de las Universidades Libres y Plurales. En la Universidad Central de Venezuela, el 23 de mayo de 2013.

Haciendo una pausa momentánea, debo expresar que el *Liderazgo en el Movimiento Estudiantil* es una obra que emerge en medio de la dificultad que los líderes estudiantiles han tenido para alcanzar las metas que desean y delegar en la siguiente generación aquellos objetivos que no se han podido lograr. Sin embargo, todos saben que para seguir formándose y preparándose con proyección a un mejor futuro, ellos también cuentan con *La Comunicación de Los Líderes*, *La Oratoria de Los Líderes* y en *El Discurso del Comandante*. Pues son obras que ofrecen las herramientas esenciales para lograr lo que deseas, ¿no me crees? Mira el siguiente texto:

> Estaba conversando con mi sobrina de 10 años y de pronto me preguntó: "¿Cómo se llama el libro que estás escribiendo Tío?" Le respondí: "*La Comunicación de los Líderes*". Y entonces me volvió a preguntar: "Y, ¿de qué hablas en ese libro?" Le dije: "sobre la forma en que se comunican los líderes". Y ella agregó: "¿yo puedo leer ese libro?" La pregunta me confundió un poco,

de hecho no supe contestar inmediatamente, pero le dije: "claro que puedes leerlo". Y me dijo: "yo sabía que podía leerlo antes de que tú me lo dijeras Tío". Y le pregunté: "¿y cómo sabías que podías leerlo?" Me dijo: *"porque todos somos líderes"*.

*Ángel Gámez, Prólogo en*
*La Comunicación de Los Líderes* **(2012)**
**@agamezliderazgo**

Ahora usted dirá querido lector, ¿para qué hace el autor haciendo esta pausa? La hice para que preste atención al siguiente texto:

El verdadero liderazgo inicia en casa con nuestros hijos, nuestra pareja y nuestros familiares, ellos son los verdaderos jueces que evaluarán nuestro proceso de aprendizaje para convertirnos en líderes. Si estamos bien con nosotros mismos y con ellos, tendremos mucha posibilidad de estar bien con los demás y de liderar en cualquier parte.

*Ángel Gámez, La Esencia de los Líderes en*
*La Comunicación de Los Líderes* **(2012)**
**@agamezliderazgo**

A la cita anterior le debo agregar que ese verdadero liderazgo debe ser reforzado por todos esos jueces, y más por los jueces que cada estudiante tiene en su respectiva institución educativa, sus compañeros, a ellos todo líder estudiantil se debe y tiene que estar entregado en cuerpo y alma. De otro modo no puede ejercer un mejor liderazgo en donde desee desempeñarse como profesional, o en cualquier otro ámbito. El liderazgo es como la matemática, la filosofía, ¡es la vida misma!

¿En qué quedé contigo? ¡Ah sí! Te explicaba que no era sencillo reunir a la Dirigencia Nacional Estudiantil Upelista como los líderes estudiantiles en otras universidades hacen, por las explicaciones que mencioné. Hay algo cierto en todo este asunto, ¡todos los dirigentes y representantes estudiantiles forjan los métodos y las estrategias adecuadas para movilizar a las masas estudiantiles! Para todo lo que necesiten, ¡sobre todo en el discurso! ¡Sí!, el discurso es una herramienta esencial de todo líder estudiantil, ¿no me cree? Le invito a recordar *El Discurso del Comandante*, ¡ojo! No me refiero al discurso de Chávez, ¡me refiero al libro de *Ángel Gámez* que lleva ese título!

Imagen 39. Representantes Estudiantiles ante el Consejo Directivo y Académico, junto a dirigentes del Movimiento Estudiantil Sisomartiniano en una asamblea estudiantil motivado a la paralización de actividades académicas, en la Plaza del Estudiante Conan Quintana el 05 de octubre de 2015.

Seguramente debes estar pensando, ¿qué tiene que ver la vanguardia del Movimiento Estudiantil con el discurso y los problemas que los estudiantes siguen padeciendo? Tal vez la respuesta no sea sencilla, lo que sí puedo decir es que tiene mucho que ver. ¡Mucho que ver con la preparación y la formación!, las herramientas importantes para realizar con éxito tal preparación y formación están en el capítulo VI del *Liderazgo en el Movimiento Estudiantil*. Claro que no es simple mantener firme tal preparación y la formación, para eso hace falta mucha inspiración… Aquí comparto contigo la siguiente inspiración:

> Llegar al nivel espiritual es un proceso que los grandes líderes oradores de la humanidad conocen o intuyen a la perfección. Jesús de Nazaret era un excelente orador y líder, y sabía cuándo y cómo hacer que su discurso llegara al alma de sus seguidores, que su mensaje tocara el espíritu. Los grandes líderes de la humanidad han sido excelentes oradores y sus discursos han llegado al nivel espiritual: La Santa Madre Teresa de Calcuta, Mahatma Gandhi, Nelson Mandela, Martin Luther King, Hellen Keller, Simón Bolívar, Juan Pablo II, todos estos líderes… …tuvieron que apoyarse en *La Oratoria de Los Líderes*.

*Ángel Gámez, Nivel Espiritual en*
***El Discurso del Comandante* (2013)**
**@agamezliderazgo**

En verdad, todo lo que se ha forjado con sudor, lágrimas y las alegrías que todos los estudiantes compartimos, es para alcanzar la nación ideal que los jóvenes deseamos. ¡Hay que evolucionar ante los obstáculos! Muchas veces debemos caer en cuenta que no es suficiente hacer lo que queremos, siempre debemos vislumbrar más allá de los horizontes que observamos en nuestros sueños. La vanguardia del Movimiento Estudiantil en Venezuela es digna de admirarse, en todo lo que se quiera analizar, argumentar y debatir, ¡sé muy bien que la actuación de todos esos líderes estudiantiles será estudiada en el futuro!

Imagen 40. Representantes Estudiantiles en el discurso de cierre hacia la sociedad civil en la actividad denominada "Todos por la Educación", en la Plaza Brión de Chacaíto, el 29 de julio de 2015.

El hecho es que cada lector, llegados a este punto, es libre de emitir cualquier juicio respecto a las experiencias que he aprendido como líder estudiantil, compartiendo con tantos líderes de las universidades venezolanas, incluso con algunos muy reconocidos en muchos niveles y espacios, de lo único que estoy seguro que todos los lectores no podrán objetar es que el *Liderazgo en el Movimiento Estudiantil* es una ventana donde todos pueden observar el reflejo del espíritu del joven universitario irreverente y contestatario ante cualquier gobierno que no exponga acciones democráticas, o que demuestre acciones totalmente opresoras hacia sus pares o a cualquier sector de la sociedad venezolana.

*"La vida no merece que uno se preocupe tanto."*

**Marie Curie**

### El Movimiento Estudiantil hacia el futuro

Las palabras que expresé en el párrafo anterior, son las palabras que estarán en su mente y en la mente de cada descendiente que tenga bajo su responsabilidad, pues le aseguro que ese elemento de diamante es el que perdurará en el tiempo por parte del Movimiento Estudiantil Venezolano. Ante cualquier atropello, injusticia, o simplemente apoyar las reivindicaciones que le corresponden a cualquier sector del país, los estudiantes universitarios siempre harán acto de presencia con la consigna: *"¡Y ya llegó! ¡Y ya está aquí! ¡El Movimiento Estudiantil!"*

Imagen 41. La Dirigencia Estudiantil Nacional Upelista, como Cogobierno Estudiantil en la UPEL expone la problemática correspondiente a la Comisión Especial para los asuntos universitarios. En salón de protocolo del Palacio Federal Legislativo, el 20 de enero de 2016.

El Movimiento Estudiantil pretendió en principio ser un vínculo entre todos los sectores de la sociedad venezolana donde se unificaran las diferencias para producidas por la polarización que ha hecho daño, ¡y sigue haciendo mucho daño por parte de las grandes alianzas partidistas! Manteniendo ese principio como esencia, ese Movimiento Estudiantil se procura proyectar como una fuerza joven que impulsa toda iniciativa de cambio para transformar lo malo en bueno, reforzar lo bueno y maximizar los beneficios y bondades de las ideas que surjan como la búsqueda de una nación ideal y próspera. He aportado mi visión de lo que el Movimiento Estudiantil será en el futuro, a pesar de que nadie de Venezuela sabe a ciencia cierta lo que sucederá con todos esos líderes estudiantiles en los años venideros… De mi parte, solo puedo desear éxitos a las próximas generaciones y, ¡que trabajen con el mayor esfuerzo posible por una mejor Venezuela!

Imagen 42. La Dirigencia Estudiantil Nacional Upelista, de los Institutos Pedagógicos de Maracay y Miranda acompañando a la sociedad civil en la Toma de Caracas por la solicitud del Referendo Revocatorio a Nicolás Maduro, en Caracas el 01 de septiembre de 2016.

*"La capacidad de aprender más deprisa que la competencia, quizás sea la única ventaja competitiva sostenible."*

**Joseph O' Connor y John Seymour**

## Capítulo VIII

### Liderazgo Estudiantil en Instituciones no universitarias

¿Usted pensaba que el liderazgo estudiantil se ejercía en las instituciones de carácter universitario? ¡Amigo lector! ¡Cuidado! Piense por un momento en los liceos y las escuelas más prestigiosas del país, sobre todo ubicadas en el área metropolitana de Caracas, ¿no recuerda aquella figura estudiantil llamada delegado de salón? O de tiempos más recientes llamado, ¿vocero estudiantil? ¡Pues sí! Todos esos adolescentes, niñas y niños que desde tempranas edades también ejercen esa representación estudiantil, sobre todo en los liceos públicos, ¡son tan líderes como tú y yo! La diferencia es que desde muchos años al presente no se les daba importancia o prestaba atención al menos, a todos los estudiantes de los liceos del país como los estudiantes de las universidades, ¿y acaso no recuerdas la lecturas que tuviste en este libro? ¿Qué pasó con los estudiantes de los liceos de Caracas que son mencionados en las generaciones del 1928 y 1958? ¡Cónchale!, ¡no sé qué les habrá pasado!

Imagen 43. La Dirigencia Estudiantil Sisomartiniana, en una de muchas actividades de protesta universitaria realizada en la Universidad Central de Venezuela, el 29 de octubre de 2015.

Lo que sí sé, es que toda esa población es tan valiosa como los estudiantes universitarios, ¿quiere saber la prueba viviente? ¡Yo mismo! ¿Recuerdas que pertenecí a la primera generación de los voceros estudiantiles del año 2005 mientras estudiaba en un liceo bolivariano de Higuerote? Para que usted pueda palpar esas experiencias que sostuve, ¡y más!, detallaré todo en una próxima obra literaria dirigida a adolescentes, niños y niñas que en verdad tengan ganas de ejercer con brío el *Liderazgo en el Movimiento Estudiantil*. ¡Así es! Desde el año 2005 los estudiantes de los liceos y las escuelas han tenido mayor participación en el liderazgo estudiantil por muchos factores, casi todos ellos abordados a lo largo de los capítulos anteriores, el hecho es que el fenómeno del Movimiento Estudiantil expuesto desde el 2007, ¡ha tenido el impacto suficiente para ser recordado en el tiempo!

Y más serán recordados por el siguiente detalle que le voy a explicar querido lector, el *Liderazgo en el Movimiento Estudiantil*, de Venezuela, ha impactado en nuestras vidas, que ha transformado almas, movido corazones, ¡y sacudido emociones! Sobre todo, su influencia en los niños, niñas y adolescentes ha hecho que efecto de liderazgo se haya expandido mucho más con sus acciones e ímpetu hacia los objetivos que desea alcanzar, ¡los que mencioné! Tanto que, ¡yo mismo di el paso hacia adelante desde la "impresionante" edad de 6 años (¡sí!, a finales de mi etapa preescolar)! Recuerdo que mis maestras y mi padre me avisaron desde 2 meses atrás a mi promoción a primer grado en la actual U.E.E "Fermín Toro", para que leyera el discurso del día. Estaba nervioso en esos días, por eso practiqué bastante tanto en el preescolar como en casa, ¡incluso el mismo día de la promoción, como cosa de Dios!

Imagen 44. Elvis Linares en su promoción Andrés Eloy Blanco de la U.E.E "Fermín Toro", leyendo el discurso del día, en julio de 1996.

Aun así, ¡todo salió de maravilla! A pesar de haber sostenido en mis manos el discurso del día escrito por mis maestras, en verdad me sentí muy feliz por haber sido el alumno que tuviera el honor de leer ese discurso del día. Me sentí feliz por haber hecho muy bien la tarea que se me había encomendado para ese día, muy importante para esas maestras que me ayudaron tanto, mis padres y mis compañeros de preescolar de esos días…

Imagen 45. La dirigencia estudiantil del Instituto Pedagógico de Miranda acudió al llamado de los líderes universitarios en una marcha para tomar las calles nuevamente, el 26 de abril de 2014.

¡No lo olvides querido lector! Seguramente querrás brindar la ayuda que tus hijos o los hijos de un ser cercano a ti que tanto tú como yo, posiblemente, no tuvimos en nuestra adolescencia o niñez. Para eso están las herramientas que mencioné en este libro, el *Liderazgo en el Movimiento Estudiantil*.

*"Si deseas el horizonte alcanzar, debes el agua bien pisar"*

**Elvis Linares**

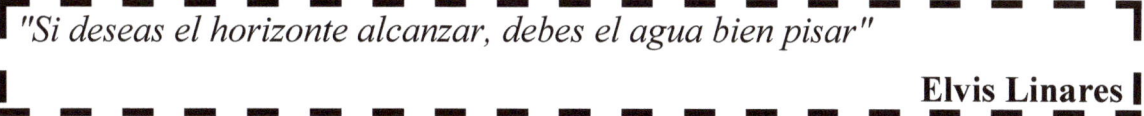

## Capítulo IX

### Elementos de oro para crecer en el ámbito que desees

Estamos cerca de finalizar este paseo que tanto ha cautivado en tu ser como lo hizo la inspiración conmigo, estos elementos de oro son eso justamente, ¡regalos de la vida para ti! Es una oportunidad única que debes aprovechar siempre para seguir adelante, ¡hacia cualquier meta u objetivo que desees alcanzar! Sobre todo si se trata de algo relacionado con tu vida profesional, estando consciente de que debe crecer en equilibrio siempre, ¡en lo personal, profesional y financiero! De momento, aquí tienes estos elementos de oro para que todo líder pueda crecer en el ámbito que desee. El primer elemento de oro lo podrás encontrar en el siguiente texto:

> Algo que también debe entrar en los elementos que daban vida a *El Discurso del Comandante* es la preparación previa. Es decir, el conocimiento que se tenga del tema. Cualquier líder político puede manejar bien las técnicas del discurso, pero si no maneja el contenido, el fracaso de su discurso está sentenciado.

> **Ángel Gámez, Elemento de oro en**
> **El Discurso del Comandante (2013)**
> **@agamezliderazgo**

Hay que acotar que ese no es el único elemento de oro, rápidamente mencionaré otros elementos que considero son de oro para crecer en el ámbito que desees. Según Lair Ribeiro, en su libro *La Comunicación Eficaz*, el lenguaje tiene 5 actos básicos: Siempre debemos 1) **ofrecer** lo que tenemos para no prometer nada, si la persona acepta la oferta, se convierte en una 2) **promesa**, todo líder que ofrece debe cumplir con lo que ofreció, de lo contrario quedará mal parado por perder credibilidad. Debemos tener en cuenta que la 3) **Aserción** y la 4) **Evaluación** no son lo mismo, la aserción es una afirmación que se puede comprobar a simple vista, por ejemplo; si usted dice que la manga es un fruto grande, y si las personas que tiene usted alrededor dicen lo mismo, entonces es una aserción, pero cuidado, si usted dice que Elvis está loco por escribir tanto, esta es una evaluación, no una aserción, y las evaluaciones sólo pueden hacerla los especialistas, en este caso un psicólogo. La **Petición** es otro de los actos básicos del lenguaje, y no es el menos importante.

> *"El lenguaje no llega a expresar todo lo que ocurre en nuestra mente, por eso la gente tiende a no entenderse entre sí."*
>
> **Lair Ribeiro**

Las personas que solicitan algo y lo reciben, tienen un poder impresionante, imagine que todo o la mayoría de las cosas que usted pide a las personas, las reciba. Ese sería un poder extraordinario, las personas que saben pedir gozan de ese poder, los ladrones no piden, roban y tienen un poder, pero destructivo y negativo. Este poder que las personas poseen cuando piden y consiguen está directamente vinculado con el poder personal, el primer elemento a tomar en cuenta para aumentar ese poder personal, creando un contexto psicológico, es la *ley de reciprocidad*. Un ejemplo de ello sería que yo ofrecí a compartir contigo mi visión de liderazgo en este libro, a cambio usted podría contactarme para dictar una charla acerca de mi visión en un ambiente real con personas interesadas en el tema.

Otro elemento de la petición es la *autoridad*, también está la *confianza*, la cual posee tres características: *historia anterior (pasado), su competencia y su sinceridad*. Por último, dentro de la petición está el *consenso*. Si desea saber más de esos elementos y otros más, puede leer *La Comunicación de los Líderes y sus 12 secretos*, y *La Oratoria de Los Líderes y sus 4 niveles*.

Imagen 46. La dirigencia estudiantil del Instituto Pedagógico de Miranda en su primera visita al Palacio Federal Legislativo, el 04 de mayo de 2016.

Los 12 secretos de *La Comunicación de Los Líderes* están basado en las siguientes reglas: *"trata a tu prójimo como quieres que te traten a ti"* (regla de oro escrita en la Biblia) y *"trata a tu prójimo como él quiere ser tratado"*. Esos secretos son: 1) el saludo, 2) la apariencia, 3) recordar el nombre de las personas; 4) escuchar, comprender y apreciar; 5) el porqué, la razón, 6) saber que haría lo mismo por mí, 7) la Ley de la Escasez, 8) ¿Qué hace usted para ganarse la vida?, 9) la Ley del Contraste o de la Comparación, 10) la sonrisa, 11) alternativas aparentes y 12) pregunta coletilla. Todos esos secretos deben aplicarse en el marco de las órdenes positivas.

Este solo es el principio de una serie, llamada *Liderazgo*, que pretendo llevar a todos los prójimos de este planeta, con la intención de mostrar que lo esencial no está a la vista, como decía el principito, ¡hay que encontrarlo! Y transformar almas para eso, ¡siempre hago!

## Referencias

Albornoz, F. (2012). Intento fallido ante Gómez por la generación del 28. Enlace disponible: http://www.iconosdevenezuela.com/?p=17529. [Consulta: Julio 03, 2016]. Íconos de Venezuela, Venezuela.

Analítica. 2001. Desnudos frente al espejo. Enlace disponible: http://www.analitica.com/opinion/opinion-nacional/desnudos-frente-al-espejo/ [Consulta: Agosto 29, 2016].

Brito, M. (2008). Manifestaciones Estudiantiles en la Ciudad de Mérida entre 1980 - 1989. Enlace disponible: http://tesis.ula.ve/pregrado/tde_busca/arquivo.php?codArquivo=2071 [Consulta: Julio 17, 2016]. Trabajo de Grado. ULA, Mérida, Venezuela.

Casanova, E. (S/F). Cartas de Eduardo Casanova. Enlace disponible: http://www.eduardocasanova.com/html/carta_7.html [Consulta: Julio 17, 2016]. Caracas, Venezuela.

Castillo y otros. (2009). Foro Generación del 28. Enlace disponible: http://edueticaupel.blogspot.com/2009/02/generacion-del-28.html. [Consulta: Julio 03, 2016]. Ética y Docencia, UPEL – IPB. Barquisimeto, Venezuela.

Cavet y De Bastos. (2008). Resurgimiento del Movimiento Estudiantil. Enlace disponible: http://jovenesenmovimiento.celaju.net/wp-content/uploads/2012/09/VEN-03.pdf [Consulta: Julio 17, 2016]. UCV, Caracas, Venezuela.

Gámez, A. (2012). La Comunicación de Los Líderes y sus 12 secretos. Caracas, Venezuela: Editorial RPEX Personas de Éxito.

Gámez, A. (2013). El Discurso del Comandante y sus 6 elementos. Caracas, Venezuela. Editorial RPEX Personas de Éxito.

Herrera y otros (2009). Enlace disponible: http://etica-docencia.blogspot.com/2009/03/generacion-del-28.html. [Consulta: Julio 03, 2016]. Ética y Docencia, UPEL – IPB. Barquisimeto, Venezuela.

Plaza, E. El 23 de enero de 1958 y el proceso de consolidación de la democracia representativa en Venezuela. Caracas: Editorial G & T Editores, 1978.

Pulido de Briceño. (2007). El País Político. Enlace disponible: http://gumilla.org/biblioteca/bases/biblo/texto/SIC2007698_344-346.pdf [Consulta: Julio 17, 2016].

Qué pasa (periódico digital). (2014). Estudiantes universitarios celebran hoy su día. Enlace disponible: http://www.quepasa.com.ve/nacionales/estudiantes-universitarios-celebran-hoy-su-dia/ [Consulta: Julio 24, 2016]. Maracaibo, Venezuela

Ribeiro, L. (2006). La Comunicación Eficaz. Caracas: Ediciones Urano, S.A.

Rosas y otros. (S/F). La Generación del 28. Enlace disponible: http://www.venezuelatuya.com/historia/generacion_28.htm. [Consulta: Julio 03, 2016]. Venezuela Tuya, Venezuela.

Tofranku. (2016). Movimiento Estudiantil de 1928. Enlace disponible: https://historiadevzla.wordpress.com/2012/06/01/generacion28/. [Consulta: Julio 03, 2016]. Historia Contemporánea de Venezuela, Venezuela.

Villarroel, A. (2016). Los Comegente. Caracas, Venezuela. Editorial RPEX Personas de Éxito.